V&R

D1734635

Hans Brunner/Josef Heck

Triff eine Entscheidung!

Das Arbeitsbuch zum
Konflikt-Lösungs-Modell in Beratung,
Mediation und Therapie

Vandenhoeck & Ruprecht

Mit 20 Abbildungen und 15 Tabellen

Bibliografische Information der Deutschen Nationalbibliothek

Die Deutsche Nationalbibliothek verzeichnet diese Publikation in der Deutschen Nationalbibliografie; detaillierte bibliografische Daten sind im Internet über http://dnb.d-nb.de abrufbar.

ISBN 978-3-525-40273-3

Weitere Ausgaben und Online-Angebote sind erhältlich unter: www.v-r.de

Umschlagabbildung: Squares/cindy374/shutterstock.com

© 2016, Vandenhoeck & Ruprecht GmbH & Co. KG,
Theaterstraße 13, D-37073 Göttingen /
Vandenhoeck & Ruprecht LLC, Bristol, CT, U.S.A.
www.v-r.de

Satz: SchwabScantechnik, Göttingen
Druck und Bindung: ⊕ Hubert & Co GmbH & Co. KG,
Robert-Bosch-Breite 6, D-37079 Göttingen

Gedruckt auf alterungsbeständigem Papier.

Inhalt

Einführung

Konflikte treten in allen Bereichen des privaten und gesellschaftlichen Lebens auf: zwischen unterschiedlichen Werten einer Person, zwischen Personen, Partnern, in Familien, zwischen den Generationen von Familien, zwischen Gesellschaften, zwischen (Sub-) Kulturen einer Gesellschaft, zwischen Unternehmen und Gewerkschaften, zwischen den Unternehmenseinheiten selbst, zwischen Parteien, Staaten und Nationen, ja sogar zwischen Gott und den Menschen, wie die Bibel zu berichten weiß. Obwohl inhaltlich äußerst unterschiedlich, weisen sie überall dieselbe Grundstruktur auf: Sie betreffen den Unterschied bzw. den Gegensatz zwischen – zumindest zwei – Werten.

Dieses Buch beschreibt den Umgang mit alternativen Werten bzw. mit den Möglichkeiten der Auflösung von Wertgegensätzen. Es besteht aus insgesamt vier Teilen:

– Teil 1 entfaltet eine Logik der Konfliktlösung, die der Praxis der Konfliktlösung zugrunde liegt und in allen ihren Schritten deutlich wird.
– Teil 2 fasst wichtige Begriffe der Systemtheorie Niklas Luhmanns zusammen wie System, Funktion, Operation, Autopoiese, Beobachtung, Bewusstsein, Kommunikation etc. Sie bilden die Grundlage für die Beschreibung der Prozesse und Operationen, auf die sich die logischen Überlegungen beziehen.
– Teil 3 führt den Konfliktbegriff ein mithilfe der Unterscheidung von Konfliktdimensionen. Entsprechend der Unterscheidung der Operationsweise psychischer und sozialer Systeme wird präzise beschrieben, worin sich psychische und soziale Systeme unterscheiden, wenn sie sich konflikthaft konstituieren.
– Teil 4 beschreibt auf den theoretischen Grundlagen aufbauend Schritt für Schritt die Praxis und Methodik der Lösung psychischer und sozialer Konflikte.

Im Teil 1 stellen wir dar, dass ein Konflikt auf mindestens zwei Alternativen bzw. zwei Gegensätze zurückgeführt werden kann und im Hinblick auf die Praxis der Konfliktlösung auf genau zwei zurückgeführt werden muss. Das heißt: Wir gehen davon aus, dass die Komplexität eines psychischen oder sozialen Geschehens auf eine Fragestellung mit nur zwei alternativen Möglichkeiten reduziert werden kann bzw. sollte.

Wir werden ganz allgemein zeigen, dass es bei zwei gegebenen Alternativen bzw. zwei Gegensätzen jedoch nicht nur zwei Lösungsmöglichkeiten gibt, sondern dass sich ein Lösungsmöglichkeitenraum mit *prinzipiell* 4 bzw. 16 Lösungsmöglichkeiten durch eine zunächst rein logische Kombinatorik eröffnen lässt. Die Anwendung der Kombinatorik hat die Reduktion auf zwei Möglichkeiten bzw. einen Gegensatz zur Voraussetzung.

Akzeptieren wir nun diese Kombinatorik als Basis für die Erhöhung der Anzahl prinzipieller Lösungsmöglichkeiten von Alternativen und Gegensätzen, dann können wir weiter überlegen, wie man darauf aufbauend eine Praxis der Konfliktlösung gestalten kann, welche ermöglicht, diese *prinzipiellen* Lösungsmöglichkeiten für die Entscheidung zwischen *konkreten* Alternativen und Wertgegensätzen zu nutzen. Darum geht es im Teil 4. Wir beschreiben darin, wie bei *konkreten* Konflikten in ganz unterschiedlichen Bereichen der Lebenswelt ein 16-facher Lösungsmöglichkeitenraum zur Entscheidungsfindung und Konstruktion von Lösungen manifester und latenter psychischer und sozialer Konflikte in einem zeit- und in einem raumbezogenen Prozess entfaltet werden kann, Letzterer in einer Form von Struktur-Aufstellung mit den Klienten selbst. Die präzise *Differenzierung* der Wertunterschiede und ihre kombinatorische Entfaltung in Lösungsmöglichkeiten in Zeit und Raum ist die Voraussetzung für den *Vollzug* der *Entdifferenzierung* und *der Entscheidung,* also der Selektion *einer* Kombination aus der begrenzten Anzahl von 16 prinzipiellen Konfliktlösungsmöglichkeiten. Diese Kombination kann aber mit *beliebig vielen* individuell unterschiedlichen Inhalten gefüllt werden.

Im Hinblick auf die Unterscheidung manifester/latenter Konflikte bedarf es einer zusätzlichen theoretischen Fundierung, die wir bereits in Teil 2 einbringen. Latente Konflikte sind definitionsgemäß nicht direkt beobachtbar. Wir gehen von der These aus, dass sie sich »hinter« den Phänomenen gleichsam »verbergen«, welche die Klienten als »ihre Probleme« beschreiben, die sie zu überwinden und aufzulösen versuchen, dies aber ohne professionelle Unterstützung nicht schaffen. Die Lösung der »Probleme« erfordert – so die weitere These – die Aufklärung bzw. (Re-)Konstruktion der Konflikte. Wir setzen also voraus, dass überhaupt ein Zusammenhang zwischen den von den Klienten beschriebenen »Problemen« und ihren latenten Konflikten besteht. Wir beziehen uns an dieser Stelle auf die zentrale systemtheoretische Forschungsmethode der »funktionalen Analyse« in der Formulierung durch Niklas Luhmann. Sie ermöglicht uns, *manifeste »Probleme« als Lösungen latenter Konflikte* zu betrachten, für die es gilt, in Beratung, Mediation und Therapie funktional äquivalente, alternative Lösungen zu (er-)finden. Im Teil 4 beschreiben wir dann, wie latente psychische und soziale Konflikte in einer differenzierenden Weise in aufeinanderfolgenden Schritten (re-)konstruiert werden können, um auch für sie einen erweiternden Lösungsmöglichkeiten-Zeitraum zu eröffnen wie für die offenen Konflikte.

Dieser Teil 4 ist der Praxisteil unserer Darstellung und kann als Anleitung dienen. Dafür haben wir die theoretischen Positionen des Differenzdenkens Spencer-Browns, der Aussagenlogik und der Systemtheorie Luhmanns mit systemisch-lösungsorientierten praktischen Vorgehensweisen neu verbunden und zu dem vorliegenden kompakten Konflikt-Lösungs-Modell (KLM) geformt. Es dient der professionellen Gestaltung einer differenzierenden Konfliktlösungskommunikation mit einzelnen Klienten und mit Partnern in ganz unterschiedlichen Settings von Beratung, Mediation und Therapie. In jedem konkret erlebbaren Lösungsschritt und Entscheidungsvollzug zeigt sich immer die gesamte theoretische Grundstruktur.

In drei Anhängen vertiefen und fundieren wir die systemtheoretischen Grundlagen des KLM:

– In Anhang I zeigen wir, auf welchen logischen Grundlagen das KLM aufbaut. In vereinfachter Form wird die Unterscheidungstheorie der »Laws of Form« und die darin konzipierte Logik dargestellt.

– In Anhang II zeigen wir, warum das KLM und das Tetralemma verschiedene Methoden der Konfliktlösung darstellen, obwohl die Ausgangslage des KLM auf den ersten Blick dem Tetralemma ähnlich ist.

– In Anhang III nähern wir uns den schwierigen Konzepten des Re-entry und der Autopoiese an. Wir verwenden dazu Ideen aus der Literatur, den »Laws of Form«, aus der Sozialforschung und Psychotherapie, aus der Elektronik und der Finanzwelt.

Teil 1: Die Logik der Konfliktlösung

Das Auflösen von Konflikten ist in der Regel damit verbunden, dass Beteiligte Entscheidungen treffen und umsetzen. *Ent-Scheidungen* setzen voraus, dass *Unterscheidungen* getroffen werden, und dieser Prozess hat gewisse logische Konsequenzen. Diese logischen Konsequenzen wollen wir hier genauer betrachten.

Im Alltag wird vielfach Bezug auf Dinge oder Sachverhalte genommen. Dies geschieht meist automatisch und ohne nachträgliche Reflexion. Zum Beispiel enthält »Ich fahre in die Stadt« einen Bezug auf die handelnde Person[1], den Ort, die Form der Bewegung und implizit meist auch das Verkehrsmittel, wenn eine Gewohnheit damit verbunden ist. Betrachtet man den Satz genauer, so kann man erkennen, dass Unterscheidungen getroffen werden. Mit »Fahren« greife ich eine Bewegungsart aus einer Zahl anderer Möglichkeiten heraus. »Fahren« heißt auch »Nicht-Gehen«, »Nicht-Reiten«, »Nicht-Fliegen« etc. Ebenso ist die ganze Gruppe der Bewegungsarten selbst eine Auswahl aus anderem – und dies kann man fortsetzen bis zum Rest der Welt.

---

1 Wir verwenden den Personbegriff durchgehend nicht in einem ontologisierenden Sinn als vorgegebene Entität, sondern im Sinn der Systemtheorie. Die »Person« stellt demnach eine Struktur der Kommunikation dar, die Erwartungen zuordnet, und bezeichnet somit eine kommunikative Wirklichkeit oder soziale Adresse für Kommunikationen (Krause, 1999, S. 164). »Als Person sind hier nicht psychische Systeme gemeint, geschweige denn ganze Menschen. Eine Person wird vielmehr konstituiert, um Verhaltenserwartungen ordnen zu können, die durch sie und nur durch sie eingelöst werden können. Jemand kann für sich selbst und für andere Person sein. Das Personsein erfordert, dass man mit Hilfe seines psychischen Systems und seines Körpers Erwartungen an sich zieht und bindet, und wiederum: Selbsterwartungen und Fremderwartungen. Je mehr und je verschiedenartigere Erwartungen auf diese Weise individualisiert werden, umso komplexer ist die Person« (Luhmann, 1985, S. 429).

Im therapeutischen Gespräch wird mehr als im Alltag *nur* die *Referenz auf etwas* als Unterscheidung betrachtet, und es werden die sich daraus ergebenden Alternativen herausgearbeitet. Eine systematische Darstellung der logischen Zusammenhänge bei Unterscheidungen hat der Mathematiker George Spencer-Brown in seinem Buch »Laws of Form« (1969/1997) als Kalkül beschrieben und auch ihre Anwendung auf die Logik dargestellt. Für die Systemtheorie hat Niklas Luhmann die Begrifflichkeit der »Laws of Form« übernommen, allerdings ohne den mathematischen Teil. Auf dieser Grundlage wird bei Luhmann der *Begriff der Beobachtung* aufgebaut als Unterscheidung und Bezeichnung der einen – und nicht der anderen – Seite.

Eine Alternative, das heißt zwei Fälle

Wir gehen also davon aus, dass in vielen Fällen im beraterischen und therapeutischen Gespräch ein Konflikt auf eine Entscheidungsfrage zurückgeführt werden kann, in welcher eine Alternative *a* und *b* auftritt. Ein einfacher Fall wäre etwa die Frage, ob Paul mit *Anna* oder mit *Berta* eine Beziehung eingehen soll. Betrachtet man die Frage als einfache Unterscheidung, so gibt es zwei Möglichkeiten: *Anna* oder *Berta*.

Erweiterung der Alternativen auf vier Fälle

Löst man sich jedoch vom Gedanken der einfachen Unterscheidung *die eine/nicht die andere* bzw. *die andere/nicht die eine,* sondern betrachtet diese Unterscheidungen selbst als Formen unter anderen, so lassen sich direkt aus diesen beiden Formen zwei weitere Fälle ableiten: *sowohl die eine/als auch die andere* und *weder die eine/noch die andere.* Man kommt also zu vier möglichen Ergebnissen: *Anna, Berta, beide, beide nicht.* In einem Schema sieht das so aus (siehe Tabelle 1). *a* steht für *Anna, b* für *Berta.*

Tabelle 1: Die vier Fälle bei einer Alternative a/b

Alternative a	Alternative b
a wird gewählt	b wird nicht gewählt
a wird nicht gewählt	b wird gewählt
a wird gewählt	b wird gewählt
a wird nicht gewählt	b wird nicht gewählt

Verwendet man die in der Logik[2] üblichen Zeichen w = wahr für »wird gewählt« und f = falsch für »wird nicht gewählt«, so erhält man die folgende Tabelle 2. *w* und *f* heißen Wahrheitswerte.

Tabelle 2: Die vier Fälle einer Alternative a/b in Wahrheitswerten ausgedrückt

	a	b
Fall 1	w	f
Fall 2	f	w
Fall 3	w	w
Fall 4	f	f

Das Schema entspricht den vier »Positionen« des sogenannten »Tetralemmas« (Varga von Kibéd u. Sparrer, 2000). Unser Schema unterscheidet sich insofern von der Darstellung der klassischen Logik, als die Position *w/w* nicht als Erste erscheint. Diese Reihenfolge ist jedoch für unseren praktischen Gebrauch günstiger und logisch völlig gleichwertig. Wer die klassische Darstellung gewohnt ist, mag in allen folgenden Abbildungen diese Umstellung beachten.

Die einfache Entscheidungsmöglichkeit *a* oder *b* müsste präzise *a/nicht-b* bzw. *nicht-a/b* heißen, da es sich immer um *Unterscheidungen einer gegebenen Alternative* bzw. um *die beiden Seiten eines Konfliktes* handelt. Dies zu erwähnen ist sehr wichtig, da sonst der Ausgangspunkt unserer gesamten Argumentation verfehlt werden

---

2   Die sogenannte Aussagenlogik geht auf Aristoteles zurück. Sie wurde im 19. Jahrhundert von George Boole als Kalkül formuliert und von Gottlob Frege axiomatisch begründet. Eine einfach zu verstehende Einführung findet sich in Gabriel (2013).
Es handelt sich in unserem Text nicht um axiomatisch begründete Boole'sche Funktionen, sondern lediglich um Verknüpfungen von *a* mit *b*, wie sie in der elementaren Aussagenlogik auftreten.

könnte. Denn – wie eingangs erwähnt – sind wir eher gewohnt, uns scheinbar unterscheidungslos immer nur auf *ein* Etwas zu beziehen. In der Systemtheorie (Fuchs, 2010, S. 34) wird bei dieser Form einer *ein*fachen Bezugnahme von »Referieren« gesprochen. Bei Beobachtungen geht es jedoch immer darum, eine *Unterscheidung* zu treffen, *eine* Seite zu wählen *und* die *andere nicht* zu wählen. Im Fall von Alternativen in Konflikten haben wir es immer mit mindestens zwei Seiten zu tun. Das heißt: Wird eine Seite gewählt, können wir korrekterweise nicht nur sagen »Wir wählen die Seite *a*«. Vollständigerweise müssten wir sagen: »Wir wählen die Seite *a und nicht* die Seite *b*«. Wenn wir *etwas* wählen, dann wählen wir immer *anderes* ab.

Wenn man diesen Zusammenhang nicht berücksichtigt, verfehlt man die Idee der Unterscheidung, die den zentralen Kern der Logik und Praxis des beschriebenen Konflikt-Lösungs-Modells ausmacht. Wir sind uns bewusst, dass wir in diesem zentralen Punkt über die üblichen Theorien und Vorgehensweisen zur Lösung von Konflikten hinausgehen, weil diese – aus unserer Sicht – lediglich mit Referenzen, das heißt: mit *ein*fachen Bezugnahmen auf *eine* Seite des Konfliktes operieren, nicht aber mit *Unterscheidungen*. Erst dadurch eröffnet sich aber der Raum der Kombinatorik von Lösungsmöglichkeiten.

Die entscheidende Erweiterung in diesem 4er-Schema ist, dass zwei eher ungewöhnliche Fälle auftreten: *beides* und *keines von beiden*. Im Fall einer Heirat ist der Fall 3 *(beides)* in unserer Gesellschaft rechtlich verboten, die übrigen Fälle sind erlaubt. Ob sich von den vier Fällen einzelne ausschließen, ist von der Thematik abhängig und von den Wertvorstellungen der Personen. Diese Erweiterung ist jedoch ein *erster* Schritt, neue Wahlmöglichkeiten zu entwickeln, denn die einfache Alternative wird von einem Klienten wohl bereits mehrfach durchdacht sein. Konfliktlösung erfordert jedoch die Eröffnung neuer Denk- und Verhaltensmöglichkeiten.

Es ist noch zu erwähnen, dass »Wahl einer Möglichkeit« nicht unbedingt eine sichtbare Handlung bedeuten muss. Es kann auch sein, dass die Wahl rein kognitiv erfolgt, z. B. bei Glaubens- oder Wertfragen, welche rein gedanklich gemacht werden, sich dann aber auch in Handlungsfolgen manifestieren können.

Erweiterung auf 16 Wahlmöglichkeiten

Mit dem folgenden Schritt führen wir eine Erweiterung der bisherigen Wahlmöglichkeiten ein.

Nehmen wir zunächst wieder das Beispiel von Paul, Anna und Berta. Ist dem Klienten bewusst, dass es vier Fälle gibt, die er wählen kann, so ist anzunehmen, dass er sich auch Fall 1 *und* Fall 3 miteinander kombiniert vorstellen kann. Er kann sich auch *alle* Fälle miteinander vorstellen oder *gar keinen*. Diese Situation tritt im beraterischen und therapeutischen Gespräch vor allem in der Anfangsphase auf, wenn noch wenig Klarheit darüber herrscht, wie ein Entscheid aussehen soll.

Auf den ersten Blick erscheint diese *zweite* Erweiterung als kompliziert. Es ist jedoch nicht nur aus logischen und theoretischen Gründen wichtig, sie zu berücksichtigen. Sie wird auch in konkreten Entscheidungsprozessen in unterschiedlichen Bereichen der Lebenswelt – wie das genannte Beispiel schon anzeigt – tatsächlich gehandhabt. Erst diese Betrachtung enthält *alle* denkbaren Wahlmöglichkeiten bei *einer* gegebenen Alternative. Wir werden gleich sehen, dass dem Klienten damit 16 Wahlmöglichkeiten offenstehen, die voneinander unterschieden werden können. Und damit sind auch *alle* erfasst.

Da das Verständnis der 16 Kombinationsmöglichkeiten für diesen Text sehr wichtig ist, beschreiben wir in kleinen Schritten, wie man sie erhält und wie sie zu verstehen sind.

Nehmen wir doch zuerst nochmals die Tabelle 2 der vier Fälle von oben und konstruieren ein Beispiel (siehe Tabelle 2b). Das Zutreffen eines Falles erhält den Wahrheitswert w, das Nicht-Zutreffen eines Falles den Wahrheitswert f:

Tabelle 2b: Die vier Fälle und ihre Erweiterung in einem Beispiel

	a	b	Trifft der Fall zu?	Ergebnis im Beispiel
Fall 1	w	f	im Beispiel: ja	w
Fall 2	f	w	im Beispiel: nein	f
Fall 3	w	w	im Beispiel: ja	w
Fall 4	f	f	im Beispiel: nein	f

- Fall 1 könnte bedeuten: Paul entscheidet sich für *Anna allein* und nicht für Berta; oder: Anna *ja,* Berta *nein;* oder: *a* ist wahr, *b* ist falsch; oder *a/nicht b.*
- Fall 2 kann sich Paul im Moment *nicht vorstellen,* denn die Priorität liegt bei Anna. Bei Klienten, welche nicht wissen, was sie wollen, kann eine Oszillation zwischen Fall 1 und Fall 2 auftreten. Hier schreiben wir also: Trifft nicht zu = *f.*
- Fall 3 könnte durchaus wahr sein, denn Paul könnte sich vorstellen, eine *Kombination mit beiden* zu finden. Wir kennen jemanden, der immer einen Monat bei der einen, einen Monat bei der anderen Person lebt. Ob diese Lösung sozialverträglich ist, steht hier nicht zur Debatte, sondern nur, ob es eine prinzipiell mögliche Lösung ist.
- Fall 4 würde heißen, lieber mit gar *keiner von diesen beiden* etwas zu tun zu haben. Nehmen wir an, das kommt für Paul nicht infrage: *f.*

Das Ergebnis *dieser* Kombination der vier Fälle lautet demnach *wfwf.*

Wir schreiben in Zukunft alle Wahlmöglichkeiten als Kombinationsmöglichkeiten in dieser Form als 4er-Gruppen mit den Buchstaben *w* und *f.* Es könnte in einem anderen Beispiel auch lauten: *wwwf, fwwf* etc. Spielt man diese Kombination der vier Fälle gedanklich durch, so erhält man $2^4 = 16$ mögliche Kombinationen. Die folgende Tabelle 3 zeigt alle Kombinationsmöglichkeiten der vier Fälle. Die Reihenfolge ist aus der Sicht der Anwendung gewählt, hat keine logische Begründung und wird später aus der Praxis heraus verständlich.

Tabelle 3: Die 16 Wahlmöglichkeiten als Kombinationen der Fälle 1–4

	1	2	3	4	5	6	7	8	9	10	11	12	13	14	15	16
Fall 1	w	w	w	w	f	f	f	f	w	f	f	w	f	w	w	f
Fall 2	f	f	f	f	w	w	w	w	w	f	f	w	f	w	w	f
Fall 3	f	f	w	w	f	w	f	w	w	w	w	w	f	f	f	f
Fall 4	f	w	f	w	f	f	w	w	w	w	f	f	f	f	w	w

Mit der Möglichkeit dieser Kombinationen der vier Fälle erweitern sich die Wahlmöglichkeiten beträchtlich. Im Prozess der Beratung, Mediation und Therapie ist ein solcher Zwischenschritt der Erweiterung der vier Fälle auf 16 Wahlmöglichkeiten sehr hilfreich, wenn auch nicht endgültig, denn im Endergebnis wird der Klient immer nur *einen bestimmten* Fall gewählt haben, und sei es den Fall der Nicht-Wahl *wwff*.

Bezeichnend ist, dass es genau 16 Wahlmöglichkeiten gibt, nicht mehr und nicht weniger. Wir nehmen an, dass die größtmögliche Wahrscheinlichkeit zur Lösung eines Dilemmas bzw. eines Konflikts dort liegt, wo am meisten Wahlmöglichkeiten auftreten, analog dem ethischen Imperativ von v. Foerster (1985, S. 60): »Handle stets so, dass weitere Möglichkeiten entstehen!«

Für Kenner und speziell an den Grundlagen Interessierte sind in der folgenden Tabelle 4 die Bezeichnungen aufgeführt, welche in den klassischen Darstellungen und auch in der modernen Logik verwendet werden. Die Kenntnis dieser Namen ist jedoch für das Folgende ohne Bedeutung.

Tabelle 4: Bezeichnungen der 16 Kombinationsmöglichkeiten

Kombinationsfälle		Klassischer Name	Moderne Bezeichnung
1	*wfff*	Inhibition von a	NIMP, NOT-[a → b]
2	*wffw*	Negation von b	ID NOT-b [1-stellig]
3	*wfwf*	Identität von a	ID a [1-stellig]
4	*wfww*	Replikation	RIMP, b → a
5	*fwff*	Inhibition von b	NRIMP, NOT-[b → a]
6	*fwwf*	Identität von b	ID b [1-stellig]
7	*fwfw*	Negation von a	ID NOT-a [1-stellig]
8	*fwww*	Implikation [konditional]	IMP, a → b
9	*wwww*	Tautologie	TRUE
10	*ffww*	Äquivalenz [bikonditional]	XNOR
11	*ffwf*	Konjunktion	AND
12	*wwwf*	Disjunktion	OR [einschließend]
13	*ffff*	Kontradiktion	FALSE
14	*wwff*	Antivalenz	XOR [ausschließend]
15	*wwfw*	Exklusion [Sheffer-Funktion]	NAND
16	*fffw*	Nihilition [Peirce-Funktion]	NOR

Ohne vollständig zu sein, sei hier etwa Kombinationsmöglichkeit 11 (Konjunktion) erwähnt, bei der nur *beides* zutrifft. Wir kennen diese Kombinationsmöglichkeit als Verknüpfung *und* (AND) zwischen *a* und *b*. Kombinationsmöglichkeit 12 (Disjunktion) kennen wir als *oder* (OR). Zwei Kombinationsmöglichkeiten erscheinen als Konstanten, also unabhängig von *a* und *b*, nämlich die Kombinationsmöglichkeiten 9 (Tautologie: *alles ist möglich*) und 13 (Kontradiktion: *nichts ist möglich*). Auf die Kombinationsmöglichkeit 13 gehen wir später ein.

Betrachtet man die Tabelle genauer, so erkennt man gewisse Regelmäßigkeiten. So handeln die Felder 1–4 von den Kombinationsmöglichkeiten, in denen jemand *a* will, aber *b* nicht will (*a* = wahr, *b* = falsch). Das Umgekehrte findet man in den Feldern 5–8. Die Felder 9–12 enthalten immer die Möglichkeit *beide,* die Felder 13–16 *beide nicht.*

Für die praktische Arbeit bilden wir diese Verhältnisse nun auf einer Ebene ab, und zwar zusammengefasst in den vier Feldern der 16 Kombinationsmöglichkeiten, welche wiederum den Fällen 1–4 aus der Tabelle 2 entsprechen (siehe Tabelle 5).

Tabelle 5: Die auf vier Felder zusammengefassten 16 Wahlmöglichkeiten

a/nicht b	beides
Hier ist die Hauptfrage, ob der Entscheid primär auf a fällt.	Hier ist die Hauptfrage, ob primär eine Vereinigung von a und b infrage kommt. Sekundär besteht keine klare Wahl für a oder b oder für weder-a-noch-b.
beides nicht	**nicht a/b**
Hier ist die Hauptfrage, ob primär eine Vereinigung von a und b ausgeschlossen wird. Sekundär besteht keine klare Wahl für a oder b oder für weder-a-noch-b.	Hier ist die Hauptfrage, ob der Entscheid primär auf b fällt.

Damit können die vier 4er-Gruppen 1–4, 5–8, 9–12, 13–16 sinngemäß in dieses Schema eingebettet werden und man erhält – wenn man die vorhandenen Symmetrien ausnützt – Tabelle 6.

Tabelle 6: Die vier Felder mit ihren je vier Wahl- bzw. Kombinationsmöglichkeiten

	a	b	1	2	3	4	12	11	10	9
Fall 1	w	f	w	w	w	w	w	f	f	w
Fall 2	f	w	f	f	f	f	w	f	f	w
Fall 3	w	w	f	f	w	w	w	w	w	w
Fall 4	f	f	f	w	f	w	f	f	w	w
	a	b	13	14	15	16	8	7	6	5
Fall 1	w	f	f	w	w	f	f	f	f	f
Fall 2	f	w	f	w	w	f	w	w	w	w
Fall 3	w	w	f	f	f	f	w	f	w	f
Fall 4	f	f	f	f	w	w	w	w	f	f

Und noch einmal sei gesagt: Für die Praxis heißt dies, dass entgegen den alltäglichen Gewohnheiten mehr als eine Alternative oder Möglichkeit aus a/b gewählt werden kann, zugleich aber lediglich 16 *Kombinationsmöglichkeiten* als prinzipielle Grundformen von Wahlmöglichkeiten bei *einer* gegebenen Alternativen a/b zur Verfügung stehen. Es eröffnen sich somit erweiterte, zugleich aber auch begrenzte Formen von Wahlmöglichkeiten, die dann – wie wir sehen werden – mit beliebig vielen Inhalten gefüllt werden können und in konkreten Entscheiden tatsächlich auch gefüllt werden.

Beispiele

Um diese etwas abstrakte Tabelle besser zugänglich zu machen, zeigen wir an ein paar Beispielen, wie solche 4er-Folgen von *w* und *f* mit Bedeutung gefüllt werden können, allerdings ohne die in der Logik üblichen Begriffe zu verwenden. Bei den folgenden Beispielen schreiben wir die jeweiligen Fälle in der Symbolisierung der Tabelle 3.

Merke: Die erste Stelle heißt *a/nicht-b,* das heißt *a einzeln für sich* etc.

– *wfwf*: Die Zeichenfolge bedeutet, dass *a* oder *beides* infrage kommt. Alles andere kommt nicht infrage. Peter könnte im Supermarkt *Äpfel [a]* und *Birnen [b]* kaufen. Er kann demnach mit Äpfeln nach Hause kommen oder mit einer Mischung von

Äpfeln und Birnen. Mit *Birnen allein* sollte er in diesem Fall nicht nach Hause kommen. Paul kann sich vorstellen, mit *Anna* zu leben oder mit beiden Frauen *Anna und Berta.* Mit *Berta allein* kann er es sich nicht vorstellen.

- *wffw: a* kommt infrage oder *keines von beiden.* Peter soll *Äpfel* mitbringen oder *gar nichts.* Paul will *Anna* oder *keine der beiden.*
- *ffff:* Dies ist ein sehr spezieller Fall. Im Tetralemma[3] entspricht er der sogenannten »5. Position der doppelten Verneinung«. Die erste Verneinung meint die Verneinung aller vier Fälle, die umschrieben wird mit dem Ausdruck »all dies nicht«. In unserem Modell ist die Form *ffff* ein *Element des logischen Systems.* Sie steht nicht außerhalb oder neben den vier Fällen. Aber was bedeutet sie ganz praktisch? Peter soll – *im Kontext* vorgegebener Alternativen – weder *Äpfel* allein, noch *Birnen* allein mitbringen, auch nicht *beides,* aber er soll auch *beides-nicht* nicht tun. Im Kontext vorgegebener Alternativen ist er völlig handlungsunfähig. Da er aber nicht nicht handeln kann, benötigt er zwingend irgendeinen Neuanfang mit *neuen* Unterscheidungen. Dies entspricht der zweiten Verneinung: auch dieses »all dies nicht« *nicht.* Das heißt: Peter braucht einen *neuen Kontext mit neuen Alternativen.* Im Fall von Paul heißt das, dass er aus dem *bisherigen Kontext* dieser Partnerschaftsthematik *herausfällt.* Er überschreitet den bisherigen Rahmen und beginnt etwas *Neues.* Das ist seine Lösung.
- *wwwf:* Peter kann *Äpfel* einzeln oder *Birnen* einzeln oder *beides* mitbringen. Nichts mitzubringen, geht nicht. Paul kann sich vorstellen, in irgendeiner Kombination mit *Anna* und *Berta* eine Beziehung zu haben, aber er will auf jeden Fall eine Möglichkeit realisieren.
- *ffww:* Peter soll *Äpfel und Birnen* bringen. Er soll sie aber *nicht einzeln* bringen. Wenn es nicht *beides* hat, soll er *nichts* bringen. Wenn Peters bessere Hälfte einen speziellen Kuchen mit *Äpfel und Birnen* backen möchte, braucht sie *beides.* Mit *Äpfeln* oder *Birnen* allein kann sie in diesem Fall nichts anfangen. Paul will *nicht* mit einer der *Frauen allein* eine Beziehung eingehen. Entweder mit *beiden* zusammen oder mit *keiner.*

---

3 Gemäß der Darstellung von Insa Sparrer und Matthias Varga von Kibéd (2000, 2010).

In Tabelle 7 sind alle 16 Möglichkeiten noch einmal mit einer Kurzbeschreibung zum obigen Beispiel mit Paul, *Anna* und *Berta* zusammengefasst.

Tabelle 7: Kurzbeschreibung der 16 Wahlmöglichkeiten

Kombinationsfälle		Welche Neigung zur Problemlösung zeigt Paul in diesem Fall?
1	*wfff*	Für Paul kommt nur Anna allein infrage.
2	*wffw*	Es kommt Anna allein infrage, jedoch auch keine von beiden.
3	*wfwf*	Es kommt Anna allein infrage oder auch beide in irgendeiner Form.
4	*wfww*	Es kommt Anna allein infrage oder beide oder keine von beiden.
5	*fwff*	Es kommt nur Berta allein infrage.
6	*fwwf*	Es kommt Berta allein infrage oder beide in irgendeiner Form.
7	*fwfw*	Es kommt Berta allein infrage oder keine von beiden.
8	*fwww*	Es kommt Berta allein infrage oder beide oder keine von beiden.
9	*wwww*	Alle Möglichkeiten kommen infrage. Paul ist alles recht.
10	*ffww*	Es kommen nur beide oder gar keine infrage.
11	*ffwf*	Es kommen nur beide zusammen infrage, in irgendeiner Form.
12	*wwwf*	Es kommen alle einzeln oder zusammen infrage, jedoch nicht keine.
13	*ffff*	Es kommt gar nichts infrage, auch nicht keine der beiden! Paul verlässt die Thematik.
14	*wwff*	Es kommt je Anna oder Berta einzeln infrage: die klassische Alternative, der klassische Konflikt.
15	*wwfw*	Es kommen je Anna oder Berta einzeln infrage oder keine.
16	*fffw*	Es kommt keine Möglichkeit mit Anna oder Berta infrage. Im Gegensatz zu 13 bleibt Paul aber in der Partnerschaftsthematik.

Zusammenfassung und Ausblick

Wie kann man nun diese aussagenlogischen Ableitungen für die Lösung von Dilemmata, von Konflikten oder einfach nur für den Umgang mit unterschiedlichen Alternativen in Beratung, Mediation, Therapie, Coaching und Supervision nutzbar machen? Dazu möchten wir ein differenziertes Konflikt-Lösungs-Modell (KLM) vorstellen, das sich anwenden lässt

- sowohl bei psychischen als auch bei sozialen Alternativen, Konflikten und Dilemmata;
- sowohl bei offenen bzw. manifesten als auch bei verborgenen bzw. latenten Konfliktlagen;
- sowohl in der Kommunikation mit den Klienten als auch in der erfahrungsorientierten Arbeit im Raum mit Strukturaufstellungen.

Voraussetzung für jede Anwendung in den genannten Praxisfeldern auf der Basis dieser noch näher zu beschreibenden Unterscheidungen ist aber das Vorliegen eines *Entscheidungsbedarfs* im Blick auf Alternativen, Konflikte und Dilemmata. Die Inanspruchnahme von Beratung, Mediation und Therapie erfolgt ja in der Regel nur dann, wenn Klienten Begleitung und Hilfestellung für den Prozess der Entscheidungsfindung erwarten, Entscheidungsfindungen den beteiligten Personen nicht leicht fallen oder ihnen überhaupt nicht möglich erscheinen.

Wir werden im Teil 4 im Detail zeigen, wie wir diese kombinatorischen Überlegungen in die Methodik des KLM als Praxismodell integrieren. Wir werden sehen, dass die gängige Art, Schritt für Schritt durch die Fälle 1–4 des Tetralemmas zu gehen, durch das 16er-Schema vielfach erweitert werden kann. Hier unterscheiden wir uns im Kern vom Tetralemma (Sparrer u. Varga von Kibéd, 2010). Das hat unmittelbar zur Folge – wie wir in unseren obigen Beispielen gezeigt haben –, dass sich »Kompromisse« in alltäglichen Entscheidungsprozessen überhaupt nicht mehr nur auf die Integration *zweier Seiten einer Unterscheidung* beziehen, sondern auf die *Kombination von Kombinationen*. Erst diese beiden Erweiterungsschritte realisieren in einer umfassenden formal-prinzipiellen Weise das oben schon genannte Diktum H. von Foersters (1985, S. 60): »Handle stets so, dass weitere Möglichkeiten entstehen!« Wir möchten dieses Diktum dahingehend präzisieren, dass wir sagen: »Es soll sich die Zahl deiner *prinzipiellen* Wahlmöglichkeiten erweitern!«

Den Ausgangspunkt des Lösungsprozesses bildet im KLM immer die *klare und distinkte* Unterscheidung *a/b* als Unterscheidung zweier Alternativen bzw. die Unterscheidung der zwei Seiten eines Dilemmas oder Konfliktes. Die Praxis zeigt jedoch, dass gerade diese Voraussetzung in einer zweifachen Weise oft nicht gegeben ist. Es bedarf dann

- entweder der *Präzisierung* der beiden Seiten
- oder überhaupt erst ihrer *(Re-)Konstruktion.*

An dieser Stelle schließen wir die Darstellung der prinzipiellen logischen Strukturen der Entfaltung von Lösungsmöglichkeiten psychischer und sozialer Konflikte in dieser allgemeinen und hochabstrakten Form ab. Wir werden die Fäden dieser logischen Strukturen aber in der Darstellung der praktischen Vorgehensweisen der Lösung konkreter psychischer und sozialer Konflikte wieder aufgreifen, um das Ganze zu einer Logik und Praxis der Konfliktlösung zu verbinden.

Zuvor möchten wir dazu einladen, uns im Teil 2 noch auf einem anderen unserer Praxis zugrunde liegenden sehr wichtigen Theoriepfad zu folgen. Im Blick auf die Praxis der Konfliktlösung stellt sich nämlich ganz grundsätzlich die Frage: Auf welche konkreten Strukturen, Prozesse, Operationen und Vorgehensweisen genau sollen unsere logischen Überlegungen überhaupt Anwendung finden? Es geht um psychische und soziale Systeme, die sich in ihren Strukturen und Prozessen konflikthaft konstituieren, und zwar sowohl manifest als auch latent.

Im Teil 2 beschreiben wir, wie wir uns vorstellen, wie psychische und soziale Systeme überhaupt operieren. Zum Verständnis dieser Operationsweise werden wir uns auf wichtige Bausteine der Systemtheorie Niklas Luhmanns (1985, 2004) beziehen.

Im Teil 3 legen wir dar, wie sich psychische und soziale Systeme konflikthaft bzw. nicht konflikthaft konstituieren.

Im Teil 4 erfolgt die Entfaltung und Beschreibung der Praxis der Konfliktlösung.

Teil 2: Systemtheoretische Grundlagen

Mit der folgenden, eher skizzenhaften Zusammenfassung der uns für unser Thema der Lösung psychischer und sozialer Konflikte wesentlich erscheinenden Differenzbegriffe der Systemtheorie Niklas Luhmanns *begründen* wir unsere praktischen Vorgehensweisen in Beratung, Mediation und Therapie, zusammen mit den logischen und differenztheoretischen Grundlagen aus Teil 1. Wir beschränken uns auf die Beschreibung derjenigen systemtheoretischen Unterscheidungsbegriffe, die zur Beschreibung der Praxis der Konfliktlösung unerlässlich sind. Wir verzichten auch darauf, die in der Systemtheorie übliche strikte Verwendung der Begriffe, welche von der Alltagssprache oft stark abweichen, durchgehend zu verwenden, um die Lesbarkeit für alle Interessierten zu erhöhen.

Diese Theorie eignet sich für die Arbeit mit Klientinnen und Klienten deshalb besonders, weil sie sich ganz von einer ontologischen Weltbeschreibung distanziert und einen Zugang ermöglicht, welcher die funktionale Denkweise zu ihrer ureigenen Methode macht. Baecker, (2005, S. 9–20) hat in acht Punkten die Grundideen der Systemtheorie Luhmanns formuliert. Wir fassen sie in angepasster Form zusammen, bevor wir sie in den zentralen Begriffen der Systemtheorie selbst entfalten, die wir dann dafür verwenden, unsere Praxis zu verstehen und zu beschreiben.

1. Es geht um Kommunikation, also um Unbestimmtheit, die in jeder Kommunikation reproduziert wird, nicht um Kausalität, also nicht um feste Verknüpfungen.
2. Natur (im Kontext von Beratung und Therapie heißt dies: Körperlichkeit), Bewusstsein und Gesellschaft sind nicht mehr voneinander zu trennen (siehe dazu auch Fuchs, 2015).
3. Im Vordergrund steht die Idee der Differenz.
4. Anstelle von Ontologie geht es um Ontogenetik, das heißt, es geht nicht um das Sein, sondern um das Werden, das Entstehen.

5. Die Figur des Beobachters bestimmt, *was* unterschieden wird und *wie* unterschieden wird.
6. Anstelle der Fixierung von Zuständen geht es um Temporalisierung, das heißt, um das prozesshafte Sich-Ereignen.
7. Die Methode untersteht einer ständigen kritisch-reflexiven Begleitung dessen, was geschieht. Das heißt, es geht darum, der eigenen Praxis »auf die Spur zu kommen«. Es handelt sich insofern um Suchprozesse.
8. Es geht um die Idee der Kognition, welche es erlaubt, die Operation der Unterscheidung von Operationen in unterschiedlichen Phänomenbereichen zu erproben.

System als Differenz

Die Basis der Systemtheorie Luhmann'scher Prägung bildet ein Systembegriff, der als Differenzbegriff eingeführt wird. Ein System besteht nicht für sich, sondern ist das Ergebnis einer Beobachtung. Es wird beobachtet mithilfe einer Differenz von Innen (System) und Außen (Umwelt) bzw. »ist« diese System/Umwelt-Differenz (Luhmann, 1985, S. 35): »Als Ausgangspunkt jeder systemtheoretischen Analyse hat [...] die Differenz von System und Umwelt zu dienen. Systeme sind nicht nur gelegentlich und nicht nur adaptiv, sie sind strukturell an ihrer Umwelt orientiert und können ohne Umwelt nicht bestehen. Sie konstituieren und sie erhalten sich durch Erzeugung und Erhaltung einer Differenz zur Umwelt, und sie benutzen ihre Grenzen zur Regulierung dieser Differenz.«

Es handelt sich um einen hochabstrakten Begriff, der sich nicht auf raumgebundene Gegebenheiten bezieht, sondern auf zeitgebundene, operative und flüchtige *Ereignisse,* die sich nicht fixieren lassen. Die differenztheoretische Theorieform der Systemtheorie unterscheidet sich somit strikt von anderen Systemtheorien, die von einer auf Raumvorstellungen beruhenden Ganzes/Teile-Differenz (Mark u. Picard, 2000) ausgehen. Ein System ist also kein Ding, sondern etwas Prozesshaftes. Und Prozesse laufen nicht ohne Differenzen, z. B. nicht ohne eine zeitliche Differenz von vorher und nachher.

»Eine Differenz kann man nicht wie eine Sache behandeln. [...] Die Differenz ist keine ontologische, und darin liegt die Schwierigkeit des Verständnisses. Sie zerschneidet nicht die Gesamtrealität in zwei Teile: hier System und dort Umwelt. Ihr Entweder/Oder […] ist Korrelat der Operation Beobachtung, die diese Distinktion (wie auch andere) in die Realität einführt. […] Aber weder ontologisch noch analytisch ist das System wichtiger als die Umwelt; denn beides ist, was es ist, nur in Bezug auf das jeweils andere (was es nicht ist)« (Luhmann, 1985, S. 244 f.).

Die Systemtheorie konstruiert und beobachtet Systeme auf der Basis dieser System/Umwelt-Differenz als ihrer *grundlegenden Unterscheidungsform* bzw. *Leitdifferenz.* Für *diese* Form einer System/Umwelt-*Theorie* – das heißt, es sind auch *andere* Theorieformen möglich – ist sie aber nicht nur *grundlegend,* sondern auch *umfassend* in dem Sinne, dass keine systemtheoretische Beobachtung und Aussage ohne Nutzung dieser Unterscheidung auskommt.

Die Definition des Systems als System/Umwelt-Differenz enthält eine ungewöhnliche Besonderheit: In der Definition »System = System/Umwelt« erscheint der Wert »System« auf beiden Seiten, sodass der Begriff tautologisch durch sich selbst mitdefiniert erscheint. Diese Interpretation würde aber die wesentliche Aussage übersehen, die in der Begriffsdefinition der Unterscheidung System/Umwelt enthalten ist: dass ein System *als Differenz* beobachtet wird, also als das, was durch die Barre [/] symbolisiert wird (Fuchs, 2015, S. 18): »Das System ist demnach Differenz. Es ist durch den schiefen Strich, die *barre oblique* bezeichnet. Operativ ausgedrückt: Systeme reproduzieren immer – diese Differenz. […] Da ist nicht die Umwelt, da ist nicht ein System, sondern eine operative ›Verzweiung‹, derenthalben die Markierung des Systems in der Unterscheidung System/Umwelt nicht das System meint. *Das System ist diese ›Verzweiung‹, jedoch keine Seite der Differenz.*«

Das System wird als dasjenige gedacht, das fortlaufend alle möglichen vorkommenden Umweltereignisse daraufhin prüft, ob und wie sie der Aufrechterhaltung des Systems dienen können. Baecker (2000, S. 96) spricht in Anlehnung an Ashby (1981, 1985) und von Foerster (1993) von Selbstorganisation oder Selbstkonditionierung, die keine rein ausschließliche Selbstschöpfung meint, sondern darauf angewiesen ist, im anderen seiner selbst, in der Umwelt also, Anlässe zu finden, sich selbst zu konditionieren. Der chilenische

Biologe Humberto Maturana (1985) führt die Idee strukturdeterminierter und mit ihrer Umwelt strukturell gekoppelter Systeme ein, die er als autopoietische Systeme beschreibt. Luhmann übernimmt diesen Autopoiesebegriff (altgriechisch: autos = selbst; poiesis = Herstellung) von Maturana, der ihn in den 1970er Jahren zur Beschreibung der spezifischen Organisationsform von Lebewesen bzw. lebenden Systemen entwickelt hat, überträgt ihn auf sinnhaft operierende soziale und psychische Systeme, entwickelt ihn weiter und spezifiziert ihn auf die Reproduktion sozialer und psychischer Systeme. Wir kennen die Theorie der Autopoiese aus der Biologie, in der beschrieben wird, wie sich Zellen aufgrund ihrer eigenen Struktur erneuern im Kontakt mit ihrer spezifischen Umwelt.

Der Begriff der System/Umwelt-Differenz könnte insofern im Sinne einer »gespaltenen Kausalität« (Baecker, 2000, S. 100) betrachtet werden: Systeme müssen, wenn sie sich selbst aufrechterhalten wollen, einerseits auf sich selbst zurückgreifen, sich auf sich selbst beziehen, auf ihre eigenen Strukturen und Operationen, was mit dem Begriff »Selbstreferenz« bezeichnet wird. Sie sind aber auch auf die Reproduktionsfaktoren der Umwelt, ihren Irritationen oder Perturbationen, angewiesen, also auf »Fremdreferenz«. Sie sind nicht nur durch ihre eigenen Strukturen determiniert, sondern auch durch die Geschichte ihrer strukturellen Kopplungen mit ihrer Umwelt.

Übertragen wir diese Überlegungen auf das Klienten/Therapeuten-*Kommunikations*system, so können wir feststellen, dass die Beteiligten ihre je eigene autopoietische *psychische* Operationsweise im Kontakt bzw. im Unterschied zu ihrer jeweiligen *kommunikativen* Umwelt aufweisen und dass das *kommunikative* System ebenso autopoietisch funktioniert. Diese Operationsweise berücksichtigend, organisieren wir als Berater und Therapeuten jede Phase des Lösungsprozesses psychischer und sozialer Konflikte. Wir kommen eingehend darauf zurück.

System als Funktion

Systeme als System/Umwelt-Differenzen können auch als Differenz von Selbstreferenz/Fremdreferenz (Luhmann, 2004, S. 81) beschrieben werden, also als *doppelte Bezugnahme* des Systems auf sich selbst *und zugleich* als Abgrenzung gegen anderes.

Baecker (2000, S. 94) bringt diese Differenz in die Form einer Funktionsgleichung und beschreibt diese Differenz nicht nur als die wesentliche Funktion des Systems, sondern identifiziert sie mit dem System, das diese Funktion geradezu »ist«: »Die Funktion f in der Gleichung $S = f(S,U)$ wird als Vergleichsgesichtspunkt (der ja die Differenz System/Umwelt bzw. die Differenz Selbstreferenz/ Fremdreferenz voraussetzt) verstanden, der es erlaubt, Umweltereignisse laufend daraufhin zu prüfen, ob und wie sie der Systemreproduktion dienen können, aber auch umgekehrt Systemereignisse daraufhin zu prüfen, ob sie in der Lage sind, Umweltereignisse aufzugreifen und der Systemreproduktion einzupassen. Die Brisanz dieses Gedankens liegt darin, dass das System nichts anderes als diese Funktion ›ist‹, das heißt, sich als diese Funktion realisieren muss, wenn es sich von der Umwelt unterscheiden können will, daher $S = S(S/U)$.«

Diese etwas spezielle Ausdrucksweise Baeckers weist darauf hin, dass es sich im Fall eines Systems um *nicht abschließbare, unbegrenzte rekursive* Prozesse handelt. Man könnte diesen Ausdruck verbal übersetzen mit der Bezeichnung: Ein System ist ein System ist ein System … von System/Umwelt. Wir werden später diese etwas spezielle Darstellungsweise mit dem Begriff Re-entry[4] näher beschreiben.

»Die Funktion […] zwingt nicht ins alternativlose ›Funktionieren‹, sondern beschreibt einen Möglichkeitsraum, der je nach Wahrnehmung funktionaler Möglichkeiten (›Äquivalente‹) unterschiedlich erkundet und realisiert werden kann. Schon deshalb ist der Übergang vom Strukturfunktionalismus zur Idee der Autopoiese innerhalb einer Theorie selbstreferentieller Systeme zwingend« (Baecker, 2000, S. 94).

---

4   Siehe dazu auch Anhang III.

In dieser systemtheoretischen Betrachtungsweise liegt die eigentliche erkenntnistheoretische *Begründung* für unsere systemische Vorgehensweise in der *Lösung* psychischer und sozialer Konflikte. Wir werden sie detailliert und ausführlich darstellen.

System als Selbstherstellung in der Zeit – Autopoiese

Wie entsteht ein System? Luhmann grenzt sich auch in dieser Frage von gängigen raumorientierten Systemvorstellungen ab, orientiert sich dagegen sehr stark am Formkalkül George Spencer-Browns (1969/1997), der nur mit einem einzigen Operator, dem Treffen einer Unterscheidung, auskommt. Und Luhmann beantwortet diese Frage, indem er einen prinzipiell operativen bzw. operationalistischen Ansatz verfolgt (Luhmann, 2004, S. 77 ff.). Er folgt der Vorstellung, »dass es eigentlich *ein* Typ von Operation ist, der das System unter der Voraussetzung erzeugt, dass man Zeit hat. Es bleibt nicht bei einem einmaligen Ereignis. Wenn eine Operation eines bestimmten Typs anläuft und, wie ich gerne sage, anschlussfähig ist, das heißt: Nachfolge findet, mit derselben Typik von Operation Konsequenzen hat, entsteht ein System. Denn wenn man Operation an Operation anschließt, geschieht dies selektiv. […] Das System bildet sich als eine Verkettung von Operationen. Die Differenz von System und Umwelt entsteht allein aus der Tatsache, dass eine Operation eine weitere Operation gleichen Typs erzeugt. Wie kann man sich das vorstellen? […] Es ist eine bestimmte zirkuläre Struktur oder, mit Maturana gesprochen, eine Autopoiese, eine zirkuläre Selbstproduktion. […] Gemeint ist, dass ein System sich selbst von seiner Umwelt unterscheiden kann. Die Operation als Operation erzeugt die Differenz, deswegen spreche ich an dieser Stelle von Differenz. Eine Operation schließt an eine andere an, dann kommt eine dritte, eine vierte, eine fünfte […]. Das alles geschieht im System. Draußen geschieht gleichzeitig etwas anderes oder nichts. […] Wenn ein System entscheiden muss oder, sagen wir einmal vorsichtiger, zwischen einer Kommunikation und einer weiteren Kommunikation Kopplungen herstellen muss, dann muss es ausmachen, beobachten, festlegen (auswählen, selektieren) können, was zu ihm passt und was nicht […] und dadurch die Differenz zwischen System und Umwelt beobachten, also die Selbstreferenz und Fremdreferenz trennen können.«

Luhmann übernimmt – wie schon gesagt – den Autopoiese-Begriff von Maturana. Der Begriff »Autopoiesis« bezeichnet einen Selbstherstellungsprozess in der Form einer *zirkulären Herstellung der eigenen Operationen aus ihrer eigenen Vernetzung,* die erst die Einheit eines Systems herstellt und garantiert.[5] Ein System wird also nicht als ein geschaffenes, räumlich vorhandenes, dinghaftes »Gebilde« betrachtet, sondern als eine *prozessuale Verkettung* von *Ereignissen in der Zeit,* die keine bestimmte, feststellbare Dauer haben. Autopoietische Systeme gelten insofern als operativ geschlossen, da sie ausschließlich ihre eigenen Operationen für ihr weiteres Operieren verwenden (Luhmann, 2004, S. 100; 1985, S. 28, 555): »Eines der wichtigsten Resultate [der Reformulierung der allgemeinen Systemtheorie] besteht in der radikalen Verzeitlichung des Elementbegriffs. Die Theorie der sich selbst herstellenden, autopoietischen Systeme kann in den Bereich der Handlungssysteme nur überführt werden, wenn man davon ausgeht, dass die Elemente, aus denen das System besteht, *keine Dauer* [Hervorhebung von den Verfassern] haben können, also unaufhörlich durch das System dieser Elemente selbst reproduziert werden müssen.«

Autopoiese meint aber nicht nur die permanente *Selbstherstellung* des Systems und seiner Operationen in der Zeit, sondern zugleich die Aufrechterhaltung einer *Abgrenzung* und Differenz zur Umwelt. Nur solange dieser Bezug als Differenz zur Umwelt aufrechterhalten werden kann, existiert das System weiter. Es existiert insofern als *Differenz* von *Identität* (Selbstherstellung) und *Differenz* von *System und Umwelt* (Luhmann, 1985, S. 26).

Das »Rechnen« mit einer einzigen Operation bzw. mit einem einzigen Operator – es wird ja immer eine Wirklichkeit »errechnet« – gestattet Luhmann, Systemtypen – je nach Typ des Operators – zu unterscheiden. Luhmann bindet verschiedene Systemarten – psychische, soziale, neuronale Systeme – streng an ihre jeweils eigenen Operationen. Wie diese sich dann wiederum aufeinander beziehen,

---

5   Siehe dazu auch Anhang III.

wäre zu klären.[6] Luhmann bedient sich dabei erneut vorliegender Konzepte und Begriffe von Maturana (1985) und Parsons (1978), die er mit veränderter Konnotation in den Kontext und die Architektur seiner eigenen Systemtheorie einbaut.

Unterscheidung: Operation/Beobachtung

Mit welchen systemtypischen Operatoren »rechnet« die Systemtheorie? Und in welchem Zusammenhang stehen diese zum Begriff der Autopoiese?

In einem Alltagsverständnis könnte man den Begriff der Operation als einen singulären und momenthaften Vollzug im Sinne eines Ereignisses verstehen. Im Kontext der Systemtheorie wird er aber anders verstanden. Zunächst einmal als Ereignis, das im Auftauchen auch schon wieder verschwindet. Wesentlich allerdings ist, dass Luhmann (2004, S. 143) den Begriff der Operation in einen direkten Zusammenhang mit den Begriffen der operationalen Geschlossenheit der Autopoiese und der »basalen Selbstreferenz«, der Aufeinanderbezogenheit ihrer Elemente darstellt. Denn Operationen kommen nicht als selbstidentische Singularitäten vor, sondern – wie schon gesagt – als Ereignisse *im Zusammenhang eines zirkulären Selbstherstellungsprozesses,* im Zusammenhang der Autopoiese des Systems. Begrifflich kann jedoch nur sukzessive erfasst werden, was zeitlich identisch passiert: die Weise der Verknüpfung von Ereignissen, die durch diese Verknüpfung selbst (autos) erst zu Ereignissen werden, durch die sich diese Verknüpfung selbst erst vollzieht (poiein). Hierbei geht es um die Form einer »basalen Selbstreferenz«, also darum, dass dieser Prozess aus Operationen bzw. Ereignissen besteht, die durch die Einbeziehung ihres Zusammenhangs mit anderen Operationen bzw. Ereignissen desselben Prozesses auf sich selbst *Bezug nehmen* (Luhmann, 1985, S. 199).

Nehmen wir im Folgenden nicht mehr den Gesamtzusammenhang des Operierens psychischer und sozialer Systeme in den Blick, sondern die Operationen selbst. Luhmann definiert diese als Beob-

---

6   Fuchs (2015) hat dazu einen umfassenden Neuentwurf der Systemtheorie vorgelegt.

achtungen, die aneinander anschließen. Was ist nun die *Spezifik* der Operation Beobachtung? Was ist mit dem Begriff Beobachtung genau gemeint? Luhmann (2004, S. 143) schlägt vor, »diese Frage in der Terminologie [der Laws of Form] von Spencer-Brown zu behandeln und zu sagen: Beobachten ist das Handhaben einer Unterscheidung zur Bezeichnung der einen und nicht der anderen Seite. [...] Die Unterscheidung muss asymmetrisch verwendet werden: Sie muss die eine und nicht die andere Seite bezeichnen können.«

Der Beobachter als System

Beobachtung meint in Anlehnung an den Formkalkül Spencer-Browns sehr formalisiert und abstrakt die Bezeichnung von *etwas, z. B.: Mann, Hund, Beratung, Beobachtung, psychisches System etc./ im Unterschied zu allem anderen, was nicht bezeichnet wird,* kurz: *dieses/alles andere nicht.* Indem eine der beiden Seiten fokussiert und damit identifiziert und gegenüber der anderen Seite – die zwar im Moment nicht bezeichnet, aber immer mitgeführt wird – ausgezeichnet wird, kann an sie mit weiteren, nicht beliebigen Operationen angeschlossen werden. Hier sieht man bereits, dass die herkömmliche Vorstellung von Beobachtern als Personen, die etwas durch ihre Wahrnehmung sehen oder hören, nicht brauchbar ist. Wenn man den Begriff »Beobachter« verwenden will, dann in direktem Bezug auf die Operationen: »Nach dieser Auffassung ist eine in irgendeinem Raum getroffene Unterscheidung eine Markierung, die den Raum unterscheidet. Gleichermaßen und umgekehrt trifft jede Markierung in einem Raum eine Unterscheidung. Nun sehen wir, dass die erste Unterscheidung, die Markierung und der Beobachter nicht nur austauschbar sind, sondern, in der Form, identisch« (Spencer-Brown, 1969/1997, S. 66).

Die *Verkettung von Operationen des gleichen Typs* konstituiert ein autopoietisch operierendes System, das Luhmann (2004, S. 142) – noch undifferenziert im Blick auf unterschiedliche Typen von Systemen – als »Beobachter« bezeichnet. »Der Beobachter [wird] als ein System (betrachtet), das sich bildet, wenn solche Operationen nicht nur Einzelereignisse sind, sondern sich zu Sequenzen verketten, die sich von der Umwelt unterscheiden lassen.«

Aus der operativen rekursiven Vernetzung spezifischer Beobachtungsoperationen entstehen – wie z. B. im Fall psychischer und sozialer Systeme – *sinnförmig* strukturierte Geschehenszusammenhänge (Gripp-Hagelstange, 1997, S. 45) bzw. psychische und soziale Beobachter. Es sind die nacheinander geschehenden Anschlüsse, die ein System erzeugen und stabilisieren. Stabilität also durch Operationen, die stabil werden, wenn weitere Operationen verkettet werden. Die Einheit des Systems »Beobachter« ist nicht immer schon da, sie muss im System in der Zeit durch die im System selbst produzierte Anschlussfähigkeit der systemeigenen Operationen *laufend erzeugt* werden.

Wir haben es immer mit einer Weltbeschreibung zu tun, die die Darstellung von Sachverhalten, Zwecken, Werten, Handlungsintentionen etc. durch die Referenz auf einen psychischen oder sozialen Beobachter *filtert*. Alle sogenannten Qualitäten und Eigenschaften der Dinge, Objekte, Systeme etc. sind somit nicht die Qualitäten und Eigenschaften der Dinge, Objekte und Systeme, sondern diejenigen ihrer Beschreibung durch den sie beobachtenden Beobachter (Esposito, 2010, S. 298). Werden also Aussagen über die Welt oder über irgendetwas/im Unterschied zu anderem gemacht – auch über den Beobachter selbst –, hat man grundsätzlich und unausweichlich immer die Frage, wer *das/im Unterschied zu anderem* sagt und wer *das/im Unterschied zu anderem* tut (Luhmann, 2004, S. 139).

Die Begriffe der Beobachtung und des Beobachters werden für den operativen Konstruktivismus Luhmanns zu *unhintergehbaren Letztkategorien* (Grizelj, 2012, S. 109). Im Blick auf den Beobachter selbst heißt das (Luhmann, 2004, S. 141): »[Auch] über den Beobachter kann nur wiederum ein Beobachter sprechen, so dass wir bereits mitten in einem Zirkel sind, der uns in die Gefahr bringt, alles, was bisher gesagt worden ist, noch einmal mit dem Index sagen zu müssen, wer das denn beobachtet oder wer das denn sagt.«

Hier gelten die beiden Basisaxiome von Maturana (1985, S. 34) und von Foerster (1993, S. 85):

- »Alles, was gesagt wird, wird von einem Beobachter gesagt.«
- »Alles Gesagte wird zu einem Beobachter (auch zu sich selbst) gesagt.«

Sie werden von Luhmann erweitert durch den sich an Spencer-Brown anlehnenden Begriff der Beobachtung als Unterscheidung von Unterscheidung und Bezeichnung. Erst diese spezifizierte Definition gestattet eine weitere Unterscheidung, die in der erwähnten operativen Selbstbezüglichkeit in der Beobachtung von Beobachtung schon impliziert und aktualisiert ist: die Unterscheidung zwischen *Beobachtung erster Ordnung* und *Beobachtung zweiter Ordnung* (Luhmann, 2004, S. 140). *Sie bildet zugleich die Basis und die Grundform der praktischen Konfliktlösungsarbeit.*

Ebenen der Beobachtung: Beobachtung erster und zweiter Ordnung

Beobachtung als »Handhabung von Unterscheidungen« (Luhmann, 1985, S. 63) dient der Gewinnung von Informationen, ist In-Formierung in dem Sinne, dass Informationen durch die Bildung von Unterscheidungen erzeugt werden. Sprache hat in diesem Prozess der In-Formierung und Aus-Differenzierung von Beobachtungsmöglichkeiten die Funktion, die Zeichen und ein »Zeichenvernetzungsrepertoire« für das Bezeichnen zur Verfügung zu stellen (Fuchs, 2010, S. 49). Wenn Beobachter Unterscheidungen treffen, können unterschiedliche Ebenen der Unterscheidungsbildung eingenommen werden.

Auf der Ebene der *Beobachtung erster Ordnung* ist eine Unterscheidung explizit im Spiel. Aber es wird nur eine Seite der Unterscheidung benutzt bzw. bezeichnet. Die andere Seite wird mitgeführt, aber nicht mitbenutzt. Zum Beispiel in der Unterscheidung *Mann/Frau* nur die eine Seite: entweder Mann oder Frau, nicht zugleich die entsprechende andere Seite. Die Einheit der Unterscheidung selbst steht nicht zur Frage, spielt im Moment keine Rolle und wird nicht thematisiert. Die Einheit der Unterscheidung – im Beispiel der Unterscheidung *Mann/Frau:* biologisches Geschlecht oder Geschlechtsrolle – wird im Moment ihres Gebrauchs unsichtbar gemacht (Luhmann, 2004, S. 145). Bei dieser Art des Gebrauchs von Unterscheidungen kann es sein, dass selbst der bezeichnete Ausdruck missverständlich ist, wenn die andere Seite nicht mitbenannt wird. So kann »gut« sowohl als eine Seite der Unterscheidung *gut/schlecht* oder der Unterscheidung *gut/böse* gemeint sein. Diese Unklarheit wird im Alltag durch die Mitberücksichtigung des Kontextes geklärt, der den Sinn des Gemeinten sichtbar macht. Die Mitbeobachtung der anderen Seite – in diesem Fall: des Kontextes – ist wesentlich für das Verständnis einer Aussage.

Wozu dient diese Unterscheidungsapparatur, wenn man die Unterscheidung und damit die andere Seite einer Unterscheidung nicht beachten kann und tatsächlich auch nicht beachtet? Würde es z.B. nicht ausreichen, einfach »Mann« oder »Gott« zu beobachten und zu bezeichnen, ohne ihn von »Frau« oder »Mensch« zu unterscheiden?

Es würde ausreichen, wenn wir an dieser Stelle darauf verzichten würden, den Konstruktionsprozess von Beobachtung weiter durchschauen zu wollen, und uns mit dem Ergebnis begnügen würden, den der Beobachter bzw. die Beobachtung bisher »hinkonstruiert« hat: Quasi-Fakten, Schein-Ontologien und Dinge, die scheinbar unabhängig von Beobachtung »existieren«. Die Nicht-Thematisierung der Unterscheidung und die Benutzung nur der einen, nicht der anderen Seite der Unterscheidung hat nämlich einen versachlichenden, ontologisierenden, Realitäten produzierenden *Effekt,* der bewirkt, dass »die Dinge« als unabhängig von Erkenntnis und Beobachtung »existierend« beobachtet werden. Es ist jedoch die Beobachtung selbst, die ihre Aufmerksamkeit auf der Ebene der Beobachtung erster Ordnung ganz *auf eine Sache fokussiert,* auf einen in ihr *bezeichneten* Gegenstand, z.B. auf einen »Mann«, einen »Gott« etc. Ihre sie leitende Fragestellung lautet ausschließlich: Was »ist« der Fall? Wovon das Fokussierte und Bezeichnete jeweils unterschieden wird – von einer »Frau«, von einem »Menschen« etc. –, bleibt gänzlich unbestimmt, ebenso wie der Sachverhalt, dass es ein Beobachter »ist«, der hier operiert und behauptet, die Welt – oder etwas in ihr – sei »so und nicht anders beschaffen« (Körner, 2008, S. 32). »Obwohl diese Welt durch die Operation der Beobachtung ›hinbeobachtet‹ wird, ist gerade dies ausgeblendet: dass sie am Haken beobachtender Operationen hängt. Sie wird behandelt, als existiere sie beobachtungsfrei – als Tatsächlichkeit […]. Da ist kaum ein Spielraum für Kontingenz« (Fuchs, 2010, S. 50).

Die Beobachtung sieht die eigene sie selbst tragende Unterscheidung von Unterscheidung und Bezeichnung und damit die Möglichkeit anderer Unterscheidungen als Kontingenz im Moment des Gebrauchs selbst nicht (Luhmann, 1995, S. 102 f.). Das ändert sich jedoch, wenn Beobachtung gleichsam einen Schritt weitergeht und auf eine andere Ebene wechselt: auf die Ebene der *Beobachtung zweiter Ordnung*, sei es durch denselben Beobachter, sei es durch einen anderen. Dies geschieht, wenn der Beobachter Distanz zu den Informationen der *Beobachtung erster Ordnung* gewinnt und wenn er die Unterscheidungen selbst, die er als Differenzen benutzt, sich als Einheiten zugänglich macht. Dann beobachtet er nicht nur das, was er eben beobachtet, sondern er beobachtet, mithilfe welcher Unterscheidungen er beobachtet. Er beobachtet also, *wie* ein Beobachter beobachtet: »Dann wird bezeichnet, dass die Beobachtung als Beobachtung stattfindet, dass sie eine Unterscheidung benutzen muss und gegebenenfalls: welche Unterscheidung [im Unterschied zu anderen möglichen Unterscheidungen]« (Luhmann, 1995, S. 102; vgl. Körner, 2008, S. 33).

Ein Berater oder Therapeut operiert auf der Ebene der Beobachtung zweiter Ordnung, indem er beobachtet, mithilfe welcher Unterscheidungen sein Klient beobachtet. Genau diese Unterscheidungsbildung zweiter Ordnung vollzieht sich auch im Lösungsmöglichkeitenraum der Lösung psychischer und sozialer Konflikte. Wir werden diese Prozesse genau beschreiben.

Bei *Beobachtung zweiter Ordnung* geht es also nicht mehr um die Unterscheidung von Dingen und Sachverhalten, sondern um die »Unterscheidung von Unterscheidungen« (Fuchs, 2010, S. 51). Dies geschieht jedoch nur in einer zeitlich nachgängigen, auf die *Beobachtung erster Ordnung* zurückschauenden, reflektierenden *Beobachtung zweiter Ordnung,* in der gesehen werden kann, welcher Beobachter
– mithilfe welcher Unterscheidung/im Unterschied zu anderen möglichen Unterscheidungen (Beobachtung zweiter Ordnung)
– etwas/im Unterschied zu anderem beobachtet bzw. bezeichnet (Beobachtung erster Ordnung).

Die Beobachtung zweiter Ordnung hat nun ihre entscheidende Wirkung darin, dass sich alles, was als Tatsache, als Weltgegebenheit, als Realität erschien, als kontingent setzen lässt. Das heißt zunächst allgemein: als weder notwendig noch unmöglich; und mit Blick auf die

Beobachtung zweiter Ordnung: mithilfe und unter Nutzung anderer Unterscheidungen auch als anders beobachtbar.

Wirken die Seiten von Unterscheidungen auf der Ebene der *Beobachtung erster Ordnung* verdinglichend, »ontologisierend«, gleichsam als das, was sie »wirklich sind« bzw. zu »sein« scheinen, so bewirkt *Beobachtung zweiter Ordnung* eine immense Erweiterung und Flexibilisierung von Beobachtungsmöglichkeiten, allerdings um den Preis der radikalen Einführung des Konstruktionscharakters von Wirklichkeit, ihrer »De-Ontologisierung« (Fuchs, 2010, S. 51): »Darunter [wird] verstanden […], dass ebendiese Welt von der Fraglosigkeit des [durch Beobachtung erster Ordnung] in ihr Gegebenen in die [durch Beobachtung zweiter Ordnung] Fraglichkeit jeder seins- oder wesenhaften Fixierung verschoben wird. Mit der Möglichkeit, Beobachtungen [Unterscheidungen] zu beobachten [zu unterscheiden], lösen sich die Schattenreiche essentialistischer Weltentwürfe auf.« »Die Beobachtung zweiter Ordnung […] modalisiert alles, was gegeben zu sein scheint, und verleiht ihm die Form der Kontingenz, des Auch-anders-möglich-Seins« (Luhmann, 1995, S. 112).

Beobachtung zweiter Ordnung als Beobachtung der Beobachter, als Verlagern der Fokussierung auf Realität, auf Bezeichnungen und Beschreibungen ist in allen Funktionsbereichen der postmodernen Gesellschaft »die avancierte Art, Welt wahrzunehmen«, geworden (Luhmann, 2004, S. 140), und zwar auch und gerade in Therapie und Beratung. Die Dekonstruktion von Verdinglichungen überhaupt, insbesondere aber in ihren Formen der »realen Störungen«, »wirklicher Pathologien« und »Problemen« durch die Infragestellung von Sichtweisen auf der Ebene der Beobachtung erster Ordnung und die Konstruktion neuer Beobachtungsmöglichkeiten durch die Unterscheidung von Unterscheidungen ist als Beobachtung zweiter Ordnung ein zentrales Operieren systemischen Arbeitens (Luhmann, 2004, S. 141): »Im Konzept des Beobachters wird […] ein Realitätsverlust [im klassischen Verständnis der Erkenntnis vorgegebener Realität] formuliert. Wir brauchen [vor allem als Therapeuten und Berater] nicht mehr zu wissen, wie die Welt [wirklich] ist, wenn wir wissen, wie [das heißt unter Verwendung welcher Unterscheidungen] sie beobachtet wird, und wenn wir uns im Bereich der Beobachtung zweiter Ordnung orientieren.«

Zugleich wird dem Konzept der Beobachtung und des Beobachters ein neues und modernes, nicht sachorientiertes, sondern prozessorientiertes Realitätsverständnis zugrunde gelegt. Das klassische Realitätsverständnis, das auf den Unterscheidungen empirisch/transzendental und Subjekt/Objekt beruht, wird ersetzt dadurch, dass einer differenziert und komplex beobachteten *Operation der Beobachtung* selbst »empirische Faktizität« (Luhmann, 1992, S. 77) zugeschrieben, aber zugleich den durch sie produzierten »einseitigen« unterscheidenden Bezeichnungen »Objektivität«, Dinglichkeit abgesprochen wird.

Wir sehen daraus, dass der *Prozess* der Beratung, Mediation und Therapie als *Beobachtung* zweiter Ordnung sich nicht mehr als Handlungen von einzelnen Personen – des Beraters bzw. Therapeuten und des Klienten – beschreiben lässt, sondern als soziales *System*. Vielleicht lässt sich – mit Verweis auf eine Argumentationsfigur Descartes (1641/1960) – nur *ein* Faktum unhintergehbar und unmittelbar evident behaupten: *Wir gehen davon aus, dass beobachtet wird.* Auch ein Kritiker dieser Aussage müsste als Bedingung der Möglichkeit seiner Kritik zumindest eines: beobachten. Wir kommen nicht darum herum, Unterscheidungen zu treffen.

Die Beobachtungen erster und zweiter Ordnung bezeichnen keine räumlich hierarchische Ordnung im Sinne der Unterscheidung: höher = zweite/(im Unterschied zu) tiefer = erste Ordnung, sondern zeitlich unterschiedliche, aufeinander bezogene Operationen. Die Beobachtung zweiter Ordnung ist immer auch Beobachtung erster Ordnung, insofern sie die sie selbst tragende Unterscheidung ebenfalls nicht sieht, weil sie selbst auch nur auf etwas fokussiert: nämlich auf Beobachtung/(im Unterschied zu) allem anderem. Nur in der beobachteten Beobachtung sieht sie die Unterscheidung von Unterscheidung und Bezeichnung der Beobachtung erster Ordnung. Beobachtung zweiter Ordnung sieht also (Luhmann, 1992, S. 111):

- was der beobachtete Beobachter sieht: z. B. den Mann;
- wie er sieht, was er sieht: in Form der Unterscheidung, die der beobachtete Beobachter benutzt: z. B. die Unterscheidung Mann/Frau;
- dass der beobachtete Beobachter die eine Seite – Mann – und nicht die andere Seite – Frau – bezeichnet, obwohl die andere, nicht benutzte und nicht bezeichnete Seite immer mitgeführt wird;

- die Einheit der Zweiheit von was und wie, von Bezeichnung und Unterscheidung;
- *andere Möglichkeiten der Unterscheidung,* wie »Mann« beobachtet werden kann neben dem Hinblick auf seine Geschlechtsrolle im Kontext der Unterscheidung Mann/Frau, nämlich als Mann/nicht als Kind im Kontext der Einheit der Unterscheidung nach dem Lebensalter, als Mann/nicht als Schlappschwanz oder »Weichei« im Kontext der Einheit der Unterscheidung nach einem normativen Muster »männlicher Potenz«, als Mann/nicht als Lebensgefährte im Kontext der Einheit der Unterscheidung nach einem juristischen Status (Nassehi, 2012, S. 111) etc.;
- dass der beobachtete Beobachter nicht sehen kann, was er nicht sehen kann: die Einheit der Unterscheidung, mit der der beobachtete Beobachter unterscheidet (Luhmann, 2004, S. 159): »Das ist der entscheidende Punkt. Man sieht, was man sieht, und ist dadurch so fasziniert, dass man nicht zugleich das Nichtsehen von allem anderen als Bedingung des Sehens, fast möchte ich sagen: als transzendentale Bedingung des Sehens, mitsehen kann.«

Eine Konsequenz derart differenziert und hochgetrieben beobachteter Operativität der Beobachtung könnte für Therapeuten und Berater darin bestehen, den Umgang mit der Unterschiedlichkeit von Unterscheidungen, mit Polyvalenz, mit Vieldeutigkeit und Anders-Beobachtbarkeit zu erlernen. Im Hinblick auf unser Thema: den Umgang mit der Möglichkeit des *Treffens anderer Unterscheidungen* und somit der *Möglichkeit des Lösens von Konflikten.* Fassen wir deshalb die bisherigen Ausführungen im Blick auf das Thema der Konfliktlösung zusammen:
- Systeme entstehen durch die Verknüpfung von Operationen eines bestimmten Typs, die sich zugleich auf ihre jeweilige Umwelt beziehen und sich von ihr unterscheiden.
- Die in einem operational geschlossenen System reproduzierten Elementareinheiten bzw. Operationen sind nur anschlussfähig an Elementareinheiten bzw. Operationen desselben Systemtyps: Bewusste Gedanken schließen nur an bewusste Gedanken an, Kommunikationen lassen sich nur durch Kommunikationen reproduzieren.

- Luhmann (1988, S. 47) unterscheidet drei Arten selbstreferenzieller autopoietischer Systeme, das heißt Systeme, die rekursiv auf sich selbst bezogen sind, auf sich selbst angewiesen sind, sich selbst reproduzieren und insofern in ihrer Operationsweise als geschlossene Systeme betrachtet werden können: *Leben* (biologisches System), *Bewusstsein* (psychisches System) und *Kommunikation* (soziales System).
- Als rekursive Systeme können Bewusstsein und Kommunikation durch sich selbst gesteuert so viele Zustände annehmen, dass sie nicht mehr berechnet werden können.
- Zudem haben Bewusstsein und Kommunikation *in jedem Moment* auch die Möglichkeit zur Verfügung, über die Negation anzuschließen, um daraus einen für ein System brauchbaren Sinn zu machen (Luhmann, 1988, S. 53).
- Das heißt, sie verfügen *in jedem Moment* auch über die Möglichkeit, sich aus sich selbst heraus konflikthaft zu konstituieren.
- Und *im nächsten Moment* – wenn sie sich konflikthaft konstituiert hatten – haben sie wieder die Möglichkeit, sich konfliktfrei, also entschieden zu zeigen.
- Darin besteht die Grundbedingung für die Möglichkeit von Konfliktlösung.

Die Unterscheidung der Operationsweise psychischer und sozialer Systeme erfordert folgerichtig notwendigerweise die präzise Beschreibung, worin sich psychische und soziale Systeme unterscheiden, wenn sie sich konflikthaft konstituieren. Darum geht es im folgenden Teil 3.

Teil 3: Konfliktbegriff und Konfliktdimensionen

Wir nähern uns immer mehr der Beschreibung der konkreten Gestaltung von Lösungsprozessen psychischer und sozialer Konflikte. Zuvor stellen wir unseren Konfliktbegriff vor. Wir unterscheiden darin zwei Dimensionen:
- psychische/soziale Konflikte
- manifeste/latente Konflikte

In einem Exkurs gehen wir auf die Unterscheidung starke/schwache Konflikte von Simon (2010, S. 19 ff.) ein, die wir nicht teilen.

Konflikte psychischer Systeme

Im Fall von Konflikten psychischer Systeme – kurz: psychischer Konflikte – tritt eine Besonderheit in der Funktionsweise psychischer Systeme auf: Das selbstverständliche unterscheidend/bezeichnende Operieren des Beobachtens als das fortwährende Aneinanderanschließen an eine Seite einer Unterscheidung und das so fortlaufende Prozessieren von Beobachtungsoperationen eine nach der anderen erscheint gleichsam durch ein Beobachtungshindernis blockiert. Deswegen werden durch ein permanentes *Kreuzen* auf die andere Seite der beiden Seiten der Unterscheidung bzw. durch ein permanentes Hin und Her durch aufeinanderfolgende Operationen beide Seiten einer Unterscheidung *nacheinander* aktualisiert, die beide gleichermaßen mit hoher Bedeutung ausgezeichnet werden, die sich entweder lediglich unterscheiden oder sich gegenseitig explizit zu negieren und somit auszuschließen scheinen. Das zentrale, entscheidende Merkmal psychischer Konflikte besteht demnach in der *blockierenden Bewegung der Nicht-Entscheidung,* der Nicht-Aufhebung einer Scheidung bzw. in der Oszillation sich unterscheidender bis explizit sich gegenseitig negierender Optionen. Der Unterschied zwischen »fortkommender« und »konflikthafter« Operationsweise besteht – metaphorisch räumlichen beschrieben – gleichsam in einer Art »Richtungswechsel«: von »nach vorn« zu »seitlich«. Dies möchten wir an einigen Fallbeispielen aus der therapeutischen Praxis beschreiben:

– Nach dem Tod der Mutter übernimmt die 16-jährige älteste Tochter deren Funktionen auf dem großen Bauernhof, auch die Versorgung der beiden jüngeren Geschwister. Beim Abschluss ihrer Ausbildung gerät sie in einen Konflikt: Aus der Sorge, dass der Hof als Lebensgrundlage der Familie zugrunde gehen könnte, sieht sie sich gezwungen, die Aufgaben der Mutter weiterzuführen. Zugleich möchte sie mit ihrem Verlobten eine vom Hof unabhängige private und berufliche Lebensperspektive realisieren.

– Als junge Frau wurde die türkische Patientin zwangsverheiratet. Nach fast dreißig Ehejahren möchte sie nicht mehr mit ihrem über 25 Jahre älteren Ehemann zusammenleben. Ihre kulturelle Tradition und ihre religiösen Überzeugungen verbieten ihr aber die Trennung. Sie stellen psychische Hindernisse dar. Zudem stellt der Druck vonseiten der Familien in Richtung Aufrechterhaltung der Partnerschaft einen sozialen Widerspruch dar. Allein auf sich gestellt, ohne Unterstützung der Familien, könnte sie nicht existieren.

– Nach Burn-out und Depression sieht die an Multipler Sklerose leidende Patientin, dass sie ihre Funktion in der Software-Administration einer großen Firma nicht länger aufrechterhalten kann. Zugleich kann sie sich nicht vorstellen, diese Funktion aufzugeben. Sie sieht sich in die Bedeutungslosigkeit versinken. Ferner erkennt sie, dass diese Sichtweise sie überhaupt in das Burn-out getrieben hat.

– Ein Patient bringt sich selbst ständig an den Rand der physischen und psychischen Erschöpfung, entwickelt schwere depressive und suizidale Verhaltensweisen, die eine Behandlung in einer psychiatrischen Klinik erfordern. Er sieht, dass er zu viel Verantwortung in vielen privaten und beruflichen Bereichen übernommen hat, erkennt, dass er dringend der Entlastung bedarf, hält sich andererseits aber für gefordert, andere zu unterstützen, für das Wohl der Familie, seiner Firma, der Kirche und des Gemeinwohls tätig sein zu müssen. Er sieht sich also nicht in der Lage, seine Tätigkeitsbereiche auf ein Maß zu reduzieren, das er physisch und psychisch bewältigen kann. Der mitbehandelnde Psychiater diagnostiziert als eine Seite des Konfliktes bzw. als Hindernis – oder als Gewinn, je nach Betrachtungsweise – eine »paranoide«, stark religiös motivierte »Jesus-Retter-Thematik«. Es lässt sich aber auch eine Perspektive einnehmen, aus der sich die gesamte depressive Symptomatik als Resultat des Lösungsversuchs eines existenziellen Konfliktes darstellt: Selbstfürsorge/Retter der Menschheit. Und nur in der Klinik, wenn der Patient »krank ist«, darf er sich erlauben, sich eine »Auszeit« bzw. »Erholungszeit« zu »organisieren«.

In Anlehnung an Ideen und Unterscheidungen psychischer Konflikte von Schneider und Ruff (1985, S. 108) soll von einem *autologischen psychischen Konflikt* dann gesprochen werden, wenn – wie in den Beispielen veranschaulicht – beide Seiten einer Unterscheidung fortlaufend oszillierend aktualisiert werden, oder mit Luhmann (1985, S. 497), wenn »ein und dasselbe psychische System Unvereinbares von sich selbst erwartet«. Wir können auch von einer »Doppelprogrammierung« (Schneider u. Ruff, 1985, S. 111) in der Operationsweise eines psychischen Systems sprechen im Sinne eines Hin-und-her-Flippens auf die beiden Seiten einer Unterscheidung.

Von einem *heterologischen psychischen Konflikt* sprechen wir, wenn das psychische System eine zur eigenen Option alternative, gegensätzliche und diese negierende Option konstruiert und – um es einmal psychoanalytisch-metaphorisch zu beschreiben – gleichsam ins Bewusstsein »importiert« und »internalisiert«. Bei heterologischen psychischen Konflikten referiert das psychische System auf Werte, die es gleichsam internalisiert hat, und jetzt konstruiert es das Unvereinbare von Selbst- und Fremdreferenz als Konflikt *in sich selbst.*

Im Unterschied zum heterologischen Konflikt behindern autologische Konflikte die Operationsweise des psychischen Systems durch die Oszillation *aus sich selbst heraus* (Luhmann, 1985, S. 508): »Man sieht es so auch deutlich, wie der Widerspruch eigentlich seine warnende, alarmierende Funktion erfüllt. Er zerstört *für einen Augenblick* die Gesamtprätention des Systems: geordnete (das heißt entschiedene, differenzierte), reduzierte Komplexität zu sein. Für einen Augenblick ist dann unbestimmte Komplexität wiederhergestellt, ist alles möglich. Aber zugleich hat der Widerspruch genug Form, um die Anschlussfähigkeit des (psychischen und) kommunikativen Prozessierens von Sinn doch noch zu garantieren. Die Reproduktion des Systems wird nur auf andere Bahnen gelenkt. Sinnformen erscheinen als inkonsistent, und das alarmiert. Aber die Autopoiesis des Systems wird nicht unterbrochen. ›Es‹ geht weiter.«

Wenn die autologischen Konflikte jedoch anhalten, verhindern sie eine klare Grenzbildung der Systeme und fördern eine »Desorientiertheit« im Hinblick auf die Ausdifferenzierung und Identifizierung von »Objekten«, Werten und Zielen. Sie wirken dann gleichsam sinn- und identitätsverhindernd und in der Folge davon die Selbstregulations- und Steuerungsfähigkeit der Systeme unterbindend bis zerstörend.

Heterologische psychische Konflikte dagegen setzen eine grenzenbewahrende, zunächst eindeutig anschlussfähige Unterscheidungs- und Operationsweise (erster Ordnung) unterschiedlicher, sich gegenseitig beobachtender (zweiter Ordnung) psychischer Systeme voraus.

Nicht auflösbar erscheinende *autologische* Konflikte scheinen in der Wirkung der diffusen Grenzbildung eher die Bedingung für die Möglichkeit der Provokation und Produktion sogenannter »psychotischer Störungsbilder« als Lösungsmöglichkeiten und Formen der Komplexitätsreduktion und Dissonanzminderung (Festinger, 2012; Grawe, 2004) darzustellen, die sich in unterschiedlichen Formen der »Verwirrtheit« manifestieren. Nicht auflösbar erscheinende *heterologische* Konflikte liefern eher die Bedingungen für die Möglichkeit der Produktion sogenannter »neurotischer« Formen der Konfliktlösung.

Konflikte sozialer Systeme

Die *bewusstseinsbezogene* – bewusste oder unbewusste – Art, mit Widersprüchen umzugehen, lässt sich nicht auf soziale Systeme übertragen, da Unterschiede, selbst Gegensätze in den Bewusstseinsinhalten verschiedener psychischer Systeme noch kein sozialer Widerspruch sind. Sie sind selbst dann kein Widerspruch, wenn sie als Unterschiede oder Gegensätze den Beteiligten bewusst werden. Sie werden zum Widerspruch, wenn daraufhin ein beteiligtes psychisches System Unvereinbares *von sich selbst* erwartet. Aber selbst dann handelt es sich nicht um einen sozialen Widerspruch, denn das soziale System wertet nicht, sondern eben um einen *psychischen* Widerspruch: um inkonsistentes Bewusstsein (Luhmann, 1985, S. 497; Grawe, 2004, S. 183 ff.).

Im Unterschied zu psychischen Systemen, in denen die Einheitsbildung widersprechender Sinnverweisungen operativ *über Bewusstsein* läuft, erzeugen soziale Systeme als Kommunikationssysteme Widersprüche operativ *durch Kommunikation,* genauer: durch Kommunikation von Ablehnung, durch die Möglichkeit der Benutzung des Neins. Konflikte sozialer Systeme sind dann gegeben, sobald einer der Kommunikationsagenten [Alter] der Ablehnung [K2] seines Sinnangebots [K1] durch den anderen Kommunikationsagenten (Ego) in einer anschließenden Operation der Kommunikation [K3] seinerseits *rückbezüglich* widerspricht [←], wodurch die Kommunikation sich selbst *weiterprozessiert* (siehe Abbildung 1).

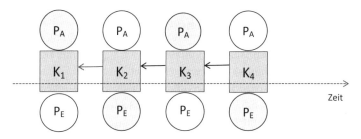

Abbildung 1: Sozialer Konflikt als fortlaufende Kommunikation von Ablehnung

Erläuterung: P_A und P_E sind die Operationen der psychischen Systeme von Alter und Ego in der Umwelt des sozialen Kommunikationssystems mit seinen Operationen K_1, K_2, K_3, K_4 etc. Die dunkel unterlegten Symbole für die psychischen Systeme stellen die aktiv kommunizierenden Agenten dar.

Ein sozialer Konflikt liegt also nur dann vor, wenn Erwartungen kommuniziert werden und das Nicht-Akzeptieren der Erwartungen rückkommuniziert wird. Alter lehnt Egos Ablehnung von Alters Ausgangssinnangebot seinerseits ab. Beide Kommunikationsagenten stimmen darin überein, dass sie nicht übereinstimmen und in ihren Folgekommunikationen von dieser Nicht-Übereinstimmung ausgehen. Man könnte auch formulieren: Ein sozialer Konflikt ist die operative Verselbständigung eines Widerspruchs durch Kommunikation (Luhmann, 1985, S. 529 ff.). Dazu zwei Fallbeispiele:

- Die Ehefrau möchte unbedingt noch ein zweites Kind. Es gehört zu ihrer Vorstellung eines sinnerfüllten Lebens. Der 14 Jahre ältere Ehemann liebt seine fünfjährige Tochter sehr. Aber er möchte definitiv kein zweites Kind mehr. Er kann sich nicht vorstellen, den Prozess der Versorgung eines Babys und Kleinkindes nochmals mitzutragen. Er würde seine freie Zeit und die Realisierung seiner Hobbys zu sehr behindern.
- Nach ihrem Engagement in der Familie und für die Erziehung ihrer gemeinsamen drei Kinder entwickelt die Ehefrau das Bedürfnis, alternative Heilmethoden zu erlernen und als Heilpraktikerin tätig zu werden. Als technisch und naturwissenschaftlich orientierter Mensch kann der Ehemann die Neuorientierung seiner Ehefrau nicht akzeptieren und wertschätzen und insofern nicht in die Partnerschaft integrieren.

Manifeste und latente Konflikte

In der Konfliktlösungsarbeit in Beratung, Mediation und Therapie lassen sich zwei Situationen unterscheiden:
- Klienten legen den Konflikt offen auf den Tisch. Sie erleben ihn als *zu ihnen gehörend* und sind in der Lage, Alternativen bzw. die widersprüchlichen Seiten eines Dilemmas oder eines Konfliktes mehr oder weniger klar und distinkt zu beschreiben, aber immerhin – sie sind sich eines Widerspruchs bewusst und bringen ihn in die Kommunikation ein. Der Konflikt erscheint von vornherein als manifest. Als wesentliche Voraussetzung für die Konstruktion von Konfliktlösungen bedarf es dann zunächst nur der Präzisierung der unterschiedlichen Werte der Person im Fall eines psychischen Konfliktes bzw. der auf die Personen, Partner und Gruppierungen verteilten unterschiedlichen Werte im Fall eines sozialen Konfliktes. Es geht um die Klärung der Fragen:
  »Worum geht es genau?«
  »Was ist (der Person bzw. den Personen, Partnern, Gruppierungen) so wichtig?«
  Je klarer die Wertunterschiede in der Kommunikation mit der Person bzw. mit den Personen herausgearbeitet werden, desto bewusster wird ihnen nicht nur die eigene Position, sondern auch

diejenige der Gegenseite. Erst jetzt ist ein Standpunktwechsel der Personen sinnvollerweise möglich. Im Blick auf die Lösungsarbeit ist damit allerdings lediglich der *Ausgangspunkt* markiert: die Differenz, die Unterscheidung *a/b*.

– Im Unterschied dazu offerieren Klienten insbesondere in der Psychotherapie nicht einen Konflikt, den sie aufzulösen wünschen, sondern eine »Störung«, die sie als »Problem« beobachten, beschreiben und benennen, unter dem sie leiden. Sie erleben das »Problem« wie als *nicht zu ihnen selbst gehörend*. Die Klienten befinden sich in einer Situation, in der sie bemerken, dass ihr sonstiges, »normales« Denken, Verhalten und Erleben nicht mehr selbstverständlich funktionieren. Sie verstehen aber nicht genau, warum nicht, und sie können auch nicht einfach zu einem selbstverständlichen Verhalten und Erleben zurückfinden. Sie können das »Problem« nicht einfach selbst auflösen.

Aus einer systemtheoretischen Perspektive lässt sich diese letztere Situation so beschreiben: Klienten sind in dieser Krisensituation nicht in der Lage, die Komplexität der Situation so zu beobachten, das heißt so zu erfassen und zu reduzieren, dass sie daraus eine für sie selbst klare, eindeutige und selbstverständliche Handlungsorientierung ableiten können. Das ist meist dann der Fall, wenn sich Klienten in einem Konflikt befinden oder wenn sie für die Bewältigung von bestimmten Problemen in bestimmten Situationen keine Bewältigungsstrategien zur Verfügung haben. Das selbstverständliche Handeln und Operieren geht dann nicht weiter, erscheint wie blockiert. Andererseits können sie nicht einfach aufhören zu handeln. Irgendwie muss immer gehandelt werden, und sei es auch nur so, dass sich Klienten ständig darüber Gedanken machen, was sie denn machen sollen.

Diese Denk- und Verhaltensweisen beobachten und beschreiben Klientinnen und Klienten nun als »Probleme«, als »Störungen«, die sie nicht verstehen und die sie deshalb nicht mehr selbst beeinflussen und auflösen können.

Berater und Therapeuten beobachten diese Phänomene von Anfang an ganz anders: Sie beobachten sie nicht als »Probleme« oder als »Störungen«, sondern als *Lösungen* oder genauer gesagt: als *Resultate von Lösungsversuchen* wirksamer Konflikte, die die Klienten bisher nicht anders zu lösen vermochten als durch die Entwicklung von Verhaltens- und Erlebensweisen, die *für sie* jedoch als »problematisch« erscheinen. Wir schließen uns hier direkt dem oben schon beschriebenen äquivalenzfunktionalen Denken der Systemtheorie Luhmanns an.

Berater und Therapeuten beobachten bzw. konstruieren also »etwas«, was Klientinnen und Klienten meist nicht sehen bzw. nicht beobachten: dass die »eigentlichen Probleme« bzw. »Konflikte« in den Zusammenhang der Komplexität der System/Umwelt-Relation zu stellen sind, welchen Klienten nicht umfassend und durchdringend herstellen können, somit sind sie auch nicht angemessen handlungsfähig. Dies bildet – wenn man so sagen mag – die als latent beobachtete Seite des gesamten Geschehens.

Wie beobachten wir die Bildung dieser Latenzen?

Manifeste bzw. offene psychische und soziale Konflikte sind in der Regel verbunden mit einem mehr oder weniger hohen Energieaufwand, mit Anspannung und Stress in den Personen und zwischen den Personen. Langfristig zeigt sich bei vielen psychischen und sozialen Konflikten eine Tendenz zur Reduktion und Auflösung des damit verbundenen und als »unökonomisch« betrachteten Energieaufwands. Gelingt nämlich eine für die Person bzw. die Personen befriedigende Lösung nicht, zeigen sich zumindest *Versuche* einer Konfliktlösung mit sehr unterschiedlichen Resultaten. Diese *Resultate* manifestieren sich dann sehr häufig in Phänomenen, die den Personen oder auch sozialen, betrieblichen, gesellschaftlichen, politischen etc. Prozessen zugeschrieben werden. Eine sich entwertet oder verunsichert erlebte Person entwickelt »vordergründig« als Resultat des Versuchs einer Lösung z. B. ein depressives oder zwanghaftes Verhalten. Die Tochter in einer Familie »engagiert« sich »anorektisch« im Kontext eines elterlichen oder familiären Konfliktes. Der Projektleiter eines Unternehmens »brennt aus« im Kontext überfordernder betrieblicher Arbeitsbedingungen. »Drogenkonsum« in ganz unterschiedlichen Erscheinungsformen könnte als Lösung persönlicher und/oder gesellschaftlicher Sinnkonflikte betrachtet werden.

Alle diese Phänomene, die sich sehr häufig in Personen direkt körperlich ausdrücken, die dann vorschnell oft als »Störungen« *dieser Personen* bezeichnet werden, weil »diese ja die Probleme haben oder machen«, haben eines gemeinsam: Sie »verdunkeln« den Konflikt. Sie »verdrängen« ihn gleichsam in den »Hintergrund«. Die Komplexität des Gesamtgeschehens wird durch diese Verschiebung der Aufmerksamkeit auf das »Problem« *reduziert* und nicht mehr zugänglich, nicht mehr begreifbar. Der Konflikt kann nun als *latenter* beobachtet werden.

Der Zusammenhang zwischen dem latenten »eigentlichen Problem«, dem Konflikt und der manifesten »Problemlösung« zeigt sich jedoch nur einem (externen) Beobachter, der diese Unterscheidung benutzt und diesen funktionalen Zusammenhang *konstruiert*.

Wie vielleicht bemerkt wurde, vermeiden wir hier ganz bewusst den Begriff »unbewusst«, weil er suggerieren könnte, dass ein Konflikt vielleicht »hinter« ein Problem verräumlicht und verortet wird, was für unseren Geschmack zu sehr ein ontologisch geprägtes Denken und Beobachten fördern würde. Wir möchten deshalb an dieser Stelle noch einmal darauf hinweisen, dass wir die Zusammenhänge aus einer systemtheoretischen funktionalen Perspektive betrachten. In dieser Perspektive erscheint das beklagte »Problem« immer als funktionale Lösung eines latenten Konfliktes, für den es gilt, äquivalente leidfreie Lösungen zu konstruieren.

Für unsere Arbeit der Konfliktlösung ergeben sich aus dieser systemtheoretischen Perspektive zwei weitere wichtige Folgerungen für die Praxis:

- Soll selbstverständliche Handlungsfähigkeit wiederhergestellt werden, setzt dies das Heraustreten aus der Oszillation, die Beendigung des Hin-und-her-Kreuzens auf die jeweils andere Seite der Differenz bzw. des Konfliktes voraus.

- Dieses Heraustreten setzt aber seinerseits überhaupt die Erfassung und (Re-)Konstruktion des als latent betrachteten Konfliktes voraus. Das heißt, der Ausgangspunkt für die Konfliktlösungsarbeit ist nicht mehr oder weniger klar gegeben wie im Fall manifester Konflikte, sondern muss überhaupt erst geschaffen werden. Ist dies jedoch erfolgt, so haben wir für die weiteren Schritte dieselbe Darstellung des Konflikts in den Ausgangsalternativen *a/b* wie im Fall manifester Konflikte. Die Rekonstruktion und die Auflösung latenter Konflikte erscheint – so betrachtet – geradezu als Hauptgeschäft der Psychotherapie, aber auch vieler Beratungsformen.

Exkurs: Starke und schwache Konflikte

In der Literatur treffen wir bei Fritz B. Simon (2010) auf die Unterscheidung starke/schwache Konflikte, die wir nicht ignorieren wollen. Wir erachten sie jedoch als logisch problematisch und haben uns deshalb entschieden, sie in der Konzeption des KLM nicht zu berücksichtigen. Dies möchten wir begründen.

In seiner Unterscheidung starker/schwacher Konflikt bezieht sich Simon (2010, S. 20 ff.) auf die Unterscheidung aktive/passive Negation von Jon Elster (1985). Zur Präzisierung unseres eigenen Verständnisses möchten wir zunächst Simons Darstellung zitieren:

»Mit der Unterscheidung zwischen aktiver und passiver Negation haben wir eine generelle Möglichkeit gefunden, unterschiedliche Formen von Konflikten zu differenzieren. Wenn der Konflikt aus Operationen (Denken und Fühlen bzw. Kommunikationen) besteht, die sich gegenseitig passiv negieren, so soll von einem schwachen Konflikt die Rede sein, wenn sie sich aktiv negieren, von einem starken Konflikt.

Im starken Konflikt geht es um die Unterscheidung zwischen zwei Positionen oder Propositionen oder Operationen etc. (p und q), die beide durch kontradiktorische, d. h. sich im Sinne der zweiwertigen Logik gegenseitig ausschließende Merkmale definiert sind. […]

Im schwachen Konflikt geht es um die Unterscheidung zwischen p und nicht-p (z. B. links vs. nicht links) bzw. q und nicht-q (rechts vs. nicht rechts). […]

Mithilfe dieser Typisierung lässt sich die Logik des individuellen Handelns der Interaktions- und Kommunikationsteilnehmer, speziell im Konfliktfall, beschreiben. […]

[Jede Konfliktpartei] hat prinzipiell die bereits bei der Rechts-links-Frage skizzierten vier Möglichkeiten [Tetralemma, vgl. Varga von Kibéd u. Sparrer, 2000], sich zu positionieren und damit einen unterschiedlich starken Konflikt zu wagen: [Man] kann zum Aktivisten der p-Partei werden und damit in einen starken Konflikt mit der q-Partei geraten. Dasselbe gilt für den Parteigänger von q, der sich in einen starken Konflikt mit dem oder den Vertretern der p-Partei begibt. Ein Akteur kann aber auch eine neutrale Position einnehmen, in der er weder für p noch für q aktiv wird. Dann gerät er in jedem Fall, aber auch höchstens, in einen schwachen Konflikt mit der p- oder q-Partei. Als vierte Möglichkeit steht ihm offen, sich widersprüchlich und logisch inkonsistent zu zeigen, indem er sich entweder vieldeutig, unentschieden oder wie die Fahne im Wind hin und her flatternd (d. h. mal für p, mal für q) zeigt. In diesem Fall ist, angesichts der Unmöglichkeit, seinem Verhalten eine eindeutige p- oder q-Bedeutung zuzuschreiben, der Konflikt weder stark noch schwach, sondern durch einen kommunikativen Taschenspielertrick ›aufgelöst‹« (Simon, 2010, S. 23 f.).

Simon bleibt in seiner Unterscheidung starker/schwacher Konflikte nicht auf die *beiden* Seiten der Basisunterscheidung p/q bezogen, sondern unterscheidet Unterscheidungen, nämlich p/q und p/nicht p, die für starke bzw. schwache Konflikte stehen. Man könnte diese Unterscheidungen auch bezeichnen mithilfe der Begriffe »explizite Gegensätzlichkeit« (für starke Konflikte) bzw. »einfache Abgegrenztheit« (für schwache Konflikte). Simon identifiziert – in unserer Sicht – schwache Konflikte mit dem Unterscheidungsbegriff Spencer-Browns (Beobachtung 1. Ordnung). »Alternativität« im Sinne der »Unterschiedlichkeit« *zweier gegebener Möglichkeiten* – was unser Verständnis schwacher Konflikte eher trifft – ist damit jedoch noch nicht erfasst. Für Simon eröffnen sich dann nur die von ihm beschriebenen vier Positionierungs- bzw. Konfliktlösungsmöglichkeiten des Tetralemmas (Varga von Kibéd u. Sparrer, 2000).[7] Erst *eine* dieser vier durch konkretes Handeln eingenommenen Positionen bzw. *vollzogenen* Entscheidungen entscheidet dann, ob ein starker bzw. schwacher Konflikt *eingegangen worden ist.*

---

7   Wir haben die Aufzählung der Positionen der bei Varga von Kibéd und Sparrer eingeführten Form angepasst: 1. das eine, 2. das andere, 3. beide, 4. weder-noch.

Tabelle 8 zeigt für Fall 3 und für Fall 4 die logische Problematik dieses Ansatzes. Wir betrachten im Fall 3 den Konflikt als nicht aufgelöst, denn ein Klient flattert nach wie vor im Wind hin und her, wie Simon es beschreiben würde (2010, S. 24). Aus der Perspektive von Simon betrachtet würden wir sagen: »Er oszilliert.« Im Fall 4 verlässt Simon den Konfliktkontext ganz und springt in einen Lösungskontext, denn er hat – wenn er in einer Konfliktbetrachtung bleiben würde – überhaupt keine Alternativen, die sich widersprechen könnten, das heißt, er hat nicht nur *keinen schwachen* Konflikt, sondern einen *aufgelösten*. In dem von Simon beschriebenen Tetralemma werden Konflikt- und Lösungsoptionen vermischt.

Tabelle 8: Starke und schwache Konflikte nach Simon (2010)

1	p	nicht-q	starker Konflikt
2	q	nicht-p	starker Konflikt
3	mal p	mal q	scheinbar aufgelöster Konflikt
4	weder p	noch q	schwacher Konflikt, neutral

In der Entfaltung der Logik der Konfliktlösung gehen wir über diese vier Positionen des Tetralemmas hinaus, indem wir sie in einem zweiten Schritt nochmals einer logischen Kombinatorik unterwerfen – wie es auch im realen Entscheidungsvollzug in psychischen und sozialen Konfliktlagen geschieht. Auch die von Simon (2010, S. 21) angeführte räumliche Metapher einer Weggabelung zur Darstellung handlungslogischer Probleme und Entscheidungsmöglichkeiten bei starken Konflikten ist aus unserer Sicht nicht hinreichend. Sie wird den prinzipiellen Lösungsmöglichkeiten von *Wert*unterschieden im Fall psychischer und sozialer Systeme und Konflikte nicht gerecht.

Wir sind der Auffassung, dass wir die Unterscheidung starke/ schwache Konflikte nicht benötigen. Sie ergibt keinen Sinn und ist auch nicht schon mit der ersten Unterscheidung *a/b* bzw. *p/q* der beiden Alternativmöglichkeiten bzw. der beiden Seiten eines Konfliktes mitgegeben. Ein Konflikt stellt die Unterscheidung von zwei gegebenen *Wert*gegensätzen dar. Mehr ist nicht gegeben. Alles andere gehört in den Bereich der Logik der Lösung der Wertgegensätze bzw. der Alternativen.

Wir benutzen eine andere Ausgangsbasis und eine andere Vorgehensweise zur Entfaltung von Lösungsmöglichkeiten, die auch eine Einordnung erlaubt, was mit der Unterscheidung »starker/schwacher Konflikt« gemeint sein könnte. Denn die Klärung dieser Unterscheidung zeigt sich – auch im Sinne von Simon – ohnehin erst im Nachhinein, nämlich dann, wenn eine Entscheidung im Blick auf Alternativen, Dilemmata oder Konflikte in *einer* der 16 prinzipiellen Lösungsmöglichkeiten *tatsächlich realisiert worden ist.* Wir verzichten somit gänzlich auf diese Unterscheidung.

Teil 4: Praxis und Methodik der Lösung psychischer und sozialer Konflikte

Konfliktlösung mit Einzelnen und Partnern

Beratung, Mediation und Therapie haben sehr unterschiedliche Modelle für die Gestaltung der Themenabfolge beraterischer und therapeutischer Kommunikation entwickelt und vorgeschlagen, insbesondere für die Gestaltung von Problem- und Konfliktlösungsprozessen, welche die Wahrscheinlichkeit erhöhen, dass Klienten die von ihnen gewünschten Ziele erreichen und gute Lösungen ihrer Probleme und Konflikte tatsächlich realisieren. Mit dem Konflikt-Lösungs-Modell (KLM) für die Arbeit mit einzelnen Klienten und mit Partnern (Paare, Kooperationspartner in Teams und Organisationen) in Beratung, Mediation und Therapie möchten wir nun ein systemtheoretisch orientiertes Modell vorstellen und in seinen einzelnen thematischen Schritten skizzieren, das differenziert anwendbar ist: sowohl für die Arbeit mit latenten als auch mit manifesten psychischen und sozialen Konflikten.

Beratung, Mediation und Therapie als operationale Geschlossenheit und strukturelle Kopplung psychischer und sozialer Systeme

In Beratung, Mediation und Therapie haben wir es zu tun mit den psychischen Systemen von Beratern und Therapeuten und deren Kommunikation. Mit Blick auf das Gesamtgeschehen in Beratung, Mediation und Therapie aus einer systemtheoretischen Perspektive erscheinen zwei Theoriebausteine zum Verständnis des zentralen Wirkprozesses wesentlich: die These der *operationalen Geschlossenheit* (Luhmann, 2004, S. 101) sich selbst organisierender psychischer und sozialer Systeme *einerseits* und die These von deren prinzipieller *strukturellen Koppelung* (Luhmann, 2004, S. 274) *andererseits*. Es geht um die Frage (Luhmann, 2004, S. 269), »wie es überhaupt möglich ist, dass ein System, obwohl es autopoietisch ist – d. h., obwohl es sich mit eigenen Operationen reproduziert und das entweder tut oder andernfalls aufhören muss zu operieren, also aufhören muss zu existieren –, in einer Umwelt funktioniert, […] mit der Umwelt kompatibel [ist] – obwohl die Umwelt nicht determinierend eingreift.«

Luhmann (2004, S. 273) sagt dazu: »Das ist die Theorie, die ich vorstellen möchte. Wenn man das platt als Gleichzeitigkeit von totaler Abhängigkeit [strukturelle Kopplung] und totaler Unabhängigkeit [operationale Geschlossenheit, Autopoiese] formuliert, hat man es mit einem Paradox zu tun. Und wie immer, wenn man ein Paradox formuliert, hat das nur Sinn, wenn man weiß, wie man wieder aus ihm herauskommt. Die begriffliche Unterscheidung zwischen Autopoiesis und struktureller Kopplung ist ein Angebot, die Differenz von System und Umwelt im Sinne einer Totalität der Einheit und der Differenz zugleich in dieser gekünstelten Formulierung der totalen Abhängigkeit und der totalen Unabhängigkeit in eine wissenschaftliche handhabbare Form zu bringen.«

Wir möchten dieses »Theorieangebot« zur Beschreibung des zentralen Wirkprozesses in Beratung, Mediation und Therapie nutzen. Luhmann möchte mit seinem »Angebot« zwei unvereinbare Aspekte gewissermaßen unter einen Hut bringen. Demnach betrachten wir die Differenz bzw. Unabhängigkeit der *autopoietischen psychischen* Prozesse von Berater/Therapeut und Klient(en) und der *autopoietischen kommunikativen* Prozesse. Zugleich betrachten wir die Einheit bzw. Abhängigkeit ihrer *strukturellen Kopplung.* Vorausgesetzt ist, *Kommunikation* und *Psychen* von Berater/Therapeut und Klient(en) stehen in einem *System/Umwelt-Verhältnis* zueinander. Das heißt auch, die Psychen sind durch die Kommunikation nicht direkt erreichbar, Kommunikation durch die Psychen nicht direkt bestimmbar. Wie funktionieren Psyche/Kommunikation dann zusammen, wie sind Lernen, Sozialisation, Entwicklung und Veränderung *autopoietischer* psychischer und sozialer Systeme in *struktureller Kopplung* überhaupt möglich?

Luhmann (1985, S. 286 ff.) benutzt zur differenzierten Beschreibung dieser Prozesse den ursprünglich von Talcott Parsons (1978) stammenden Begriff der »Interpenetration«: »Den Begriff ›Interpenetration‹ benutzen wir, um eine besondere Art der Beziehung zum

Aufbau von Systemen zu bezeichnen, der von Systemen der Umwelt erbracht wird. […] Im Bereich der Intersystembeziehungen soll der Begriff Interpenetration einen engeren Sachverhalt bezeichnen, der vor allem von Input/Output-Beziehungen (Leistungen) unterschieden werden muss. Von Penetration wollen wir sprechen, wenn ein System die eigene Komplexität (und damit: Unbestimmtheit, Kontingenz und Selektionszwang) zum Aufbau eines anderen Systems zur Verfügung stellt. […] Interpenetration liegt entsprechend dann vor, wenn dieser Sachverhalt wechselseitig gegeben ist, wenn also beide Systeme sich wechselseitig dadurch ermöglichen, dass sie in das jeweils andere ihre vorkonstituierte Eigenkomplexität einbringen. […] Im Falle von Interpenetration wirkt das aufnehmende System auch auf die Strukturbildung der penetrierenden Systeme zurück; es greift also doppelt, von außen und von innen auf dieses ein.«

Wie könnte nun dieses »Zur-Verfügung-Stellen von Komplexität des einen Systems zum Aufbau eines anderen Systems«, das »wechselseitige Einbringen von vorkonstituierter Eigenkomplexität in das jeweils andere System« konkret bezogen auf das psychisch/kommunikative Geschehen in Beratung, Mediation und Therapie beschrieben werden?

Ein Klient muss ein Problem, eine Fragestellung und/oder einen Leidensdruck mitteilen, damit speziell das Kommunikationssystem Beratung bzw. Therapie überhaupt zustande kommt. Diese Kommunikation wird unmittelbar vom Berater bzw. Therapeuten seinerseits dadurch mitkonstituiert, dass dieser seine »eigene vorkonstituierte Eigenkomplexität dem Kommunikationssystem zur Verfügung stellt«, das heißt, seine Expertise anbietet, wie die beraterische bzw. therapeutische Kommunikation strukturiert werden könnte, wann, welche Fragen und Themenbereiche auf der Basis welcher Grundhaltungen beraterischer bzw. therapeutischer Kommunikation an- und durchgesprochen werden könnten. Der Berater bzw. Therapeut ist in diesem Prozess der Experte für die Strukturierung der unterscheidbaren, aufeinanderfolgenden Themenbereiche und Narrative, nicht aber der Experte für die konkreten individuellen Inhalte, über die gesprochen werden sollte. Diese stammen vom Klienten. Er bringt seine eigenen Themen, seine »eigene vorkonstituierte Eigenkomplexität« in diese Kommunikation ein: seine Problembeschreibungen, seine Erwartungen an sich selbst und an die beraterische bzw. therapeutische Kommunikation, seine Ziele, Wünsche, Haltungen und Einstellungen. All das passiert aber nur in der Kommunikation.

Systemtheorie geht nun davon aus, dass die Psyche des Klienten als ein System in der Umwelt der beraterischen bzw. therapeutischen Kommunikation ihrerseits durch die beraterische bzw. therapeutische Kommunikation irritiert, »verstört« und angeregt wird. Die Psyche des Klienten selektiert daraus durch und für sich selbst das, was sie aus der Ordnung und aus der Struktur der beraterischen bzw. therapeutischen Kommunikation übernimmt im Unterschied dazu, was sie nicht übernimmt; was sie als zu sich selbst gehörend betrachten will im Unterschied zu dem, was sie nicht als zu sich gehörend betrachten will, das heißt, was für sie *Sinn* macht und was nicht.

Beraterische bzw. therapeutische Kommunikation stellt der Psyche des Klienten durch eine bestimmte Abfolge der Fragestellungen und angesprochenen Themen sowie durch die Art und Weise einer respektvollen, neugierigen und wertneutralen Gesprächsführung gleichsam auf Augenhöhe eine bestimmte Form geordneter Komplexität zur Verfügung, an der entlang sich die Psyche des Patienten und die Kommunikation der Partner selbst neu organisieren und neu strukturieren können. Das heißt auch:

- andere und neue Unterscheidungen zu treffen;
- neuen *Sinn* in dem zu sehen und zu konstruieren, was passiert ist;
- ein »Problem« nicht mehr als »Defizit«, sondern als kontextbezogene »Lösung« zu sehen;
- eine angemessenere äquivalente Lösung bzw. eine neue Lebens- und Zielorientierung anzustreben;
- ein neue Entscheidung zu treffen;
- sich dadurch selbst eine neue Sinnorientierung zu geben oder – wenn man so will – eine neue Geschichte, ein neues »Selbst« zu erfinden.

Funktionale Analyse

Die Systemtheorie nutzt eine Forschungsmethode, der wir insbesondere in unserer Arbeit der (Re-)Konstruktion psychischer und sozialer Konflikte eine zentrale Bedeutung beimessen. Luhmann (1985, S. 83 f.) nennt sie »funktionale Analyse«. »Die Methode funktionaler Analyse, die wir durchgehend voraussetzen werden, basiert […] auf dem Informationsbegriff. Sie dient der Informationsgewinnung (ob auch der ›Erklärung‹, hängt ab von der Fassung, die man diesem Begriff gibt). Sie reguliert und präzisiert Bedingungen, unter denen Differenzen einen Unterschied machen. […] Funktionale Analyse ist mithin eine Art Theorietechnik. […] Die funktionale Analyse benutzt Relationierungen [z. B.: Problem – Problemlösung] mit dem Ziel, Vorhandenes als kontingent [als auch anders möglich] und Verschiedenartiges als vergleichbar zu erfassen. Sie bezieht Gegebenes, seien es Zustände, seien es Ereignisse, auf Problemgesichtspunkte, und versucht verständlich und nachvollziehbar zu machen, dass das Problem so oder auch anders gelöst werden kann. Die Relation von Problem und Problemlösung wird dabei nicht um ihrer selbst willen erfasst; sie dient vielmehr als Leitfaden der Frage nach anderen Möglichkeiten, als Leitfaden der Suche nach funktionalen Äquivalenten.«

Was ist damit gemeint? Systemtheorie beobachtet die sie interessierenden Gegenstände, Gegebenheiten und Ereignisse demnach als kontingent, jedoch keineswegs als beliebig. Sie beobachtet sie als Lösungen und bezieht diese Lösungen auf Probleme, als deren Lösung die beobachteten Phänomene erscheinen. Sie entdeckt dabei Alternativen auf beiden Seiten. Es geht ihr also um die Konstruktion eines funktionalen Zusammenhangs von Problem und Problemlösung. Ein systemtheoretisch orientierter Beobachter betrachtet Phänomene somit nicht als Einzelereignisse für sich, sondern als Systemereignisse, das heißt, er beobachtet, dass sich das beobachtete System immer in Bezug zu bzw. in Differenz zur Umwelt des Systems beobachtet (Nassehi, 2012, S. 83).

Das Vorgehen der funktionalen Methode lässt sich in gleicher Weise in den Kontext sogenannter »sekundärer Funktionssysteme« (Fuchs u. Schneider, 1995) wie Psychotherapie, Beratung, Mediation, Supervision, Coaching, soziale Arbeit u. a. übertragen. Beispielhaft zitieren wir die Übertragung auf den Bereich der Psychotherapie (Schleiffer, 2012, 25 f.): »Im Unterschied zum herkömmlichen Vorgehen im pädagogischen wie auch im therapeutischen Kontext, das im auffälligen Verhalten das Problem sieht und dann nach Problemlösungsmöglichkeiten sucht, begreift die Methode der *funktionalen Analyse* das zu beobachtende Verhalten [z. B. ängstliches, zwanghaftes, depressives etc. Verhalten und Erleben] als *Problemlösung.* Die funktionale Analyse fragt somit nach der Funktion eines bestimmten Verhaltens, danach, welches Problem damit *gelöst* werden soll. Die theoretische [und systemisch-praktische] Leistung einer funktionalen Analyse besteht dann darin, ein überzeugendes Problem zu *konstruieren,* für das das zur Diskussion stehende Verhalten als Problem*lösungsversuch* angesehen werden kann. […]. Aufgabe des professionellen Helfers ist es, zusammen mit seinem Klienten nach anderen, funktional äquivalenten Verhaltensmöglichkeiten Ausschau zu halten und dabei die Voraussetzungen zu benennen, die eine Übernahme eines solchen alternativen Problemlöseverhaltens wahrscheinlich machen könnten« (Hervorhebungen von den Verfassern).

Wir werden die »funktionale Analyse« im Kommunikationskontext von professioneller Beratung, Mediation und Therapie nicht nur dazu nutzen, um Ansatzpunkte für die Konstruktion von Lösungsmöglichkeiten für Probleme zu beschreiben, sondern insbesondere dazu, um Ansatzpunkte für die passgenaue Konstruktion von Wahl- und Entscheidungsmöglichkeiten für psychische und soziale Konflikte zu finden. Dazu wird es notwendig sein, den Unterschied und den Zusammenhang von Problem und Konflikt zu präzisieren.

Konflikt(re)konstruktion bei latenten psychischen Konflikten

Die Methode der funktionalen Analyse ist nur angezeigt für die (Re-) Konstruktion latenter Konflikte, da bei manifesten Konflikten der Konflikt offen vorliegt, also nicht (re-)konstruiert werden muss.

In unserer funktional-analytischen Perspektive beobachten wir die von Klienten beschriebenen »Probleme« als funktionale Lösungen existenziell bedeutsamer Konflikte, welche die Klienten meist selbst nicht beobachten, insofern auch nicht selbst (re-)konstruieren können. Problemlösung setzt die Lösung eines latenten Konfliktes voraus. Konfliktlösung erfordert jedoch wie gesagt bei latenten Konflikten Konflikt(re)konstruktion. Dass ein »Problem« in einen Zusammenhang mit einem Konflikt gestellt werden kann, ist nicht nur unsere Ausgangshypothese, sie ist die Basis aller namhaften Psychotherapieschulen (Caspar, 1996; Grawe, 2004; Arbeitskreis OPD,

2007; Schmidt, 2004; Simon, 2010). Wie lässt sich aber »etwas« in den Blick bekommen bzw. konstruieren, das zunächst überhaupt nicht – als manifest – beobachtet, sondern nur – geradezu typisch für Psychotherapie (Fuchs, 2011; Schleiffer, 2012) – als latent hypothetisch vorausgesetzt wird?

Auch hier gibt es wieder sehr unterschiedliche schulenspezifische Vorgehensweisen. Mit unserem Konflikt-Lösungs-Modell schlagen wir folgenden Weg vor:

1. vom »Problem« als funktionale Lösung
2. über den zu (re-)konstruierenden Konflikt
3. zu äquivalenten, möglicherweise leidfreien neuen Lösungen – anstelle der bisherigen Lösung (»Problem«).

Die folgenden Stationen auf diesem Weg entsprechen immer Gesprächsrahmen, Erzählformen, Themenbereichen, die in der beraterischen bzw. therapeutischen Kommunikation abgearbeitet werden.

Kontextklärung zu Beginn der beraterischen/ therapeutischen Kommunikation

Es geht in diesem Themenbereich um die Klärung der Frage: »Welche Personen sprechen dem gerade begonnenen Beratungs-, Mediations- bzw. Therapieprozess welche Bedeutung, welchen Sinn zu?«

Die Klärung dieser Frage ist verbunden mit einem »Blick zurück« auf die zeitlich der Beratung, Mediation bzw. Therapie vorhergehenden kommunikativen Ereignisse, die zur Bildung dieses aktuellen beraterischen bzw. therapeutischen Kommunikationssystems geführt haben. In der systemtherapeutischen Praxis wird der sich aus dieser Fragestellung ergebende Prozess mit dem Begriff »Kontextklärung zu Beginn« bezeichnet. Es geht darum, den bzw. die Klienten zu bitten, zu beschreiben, was sie bzw. welche Personen welche Interessen, Motive und Ziele mit *diesem aktuellen* Beratungs- bzw. Therapieprozess verbinden. Das heißt auch, in Erfahrung zu bringen, welches Kommunikationssystem sich um diese Themen bereits gebildet hat. Dadurch kann ermessen bzw. gleichsam »errechnet« werden, welche »vorkonstituierte Eigenkomplexität« dieses bereits bestehende Kommunikationssystem in das aktuelle beraterische bzw. therapeutische System einbringt. Umgekehrt geht es darum, das beraterische bzw. therapeutische System optimal an das bereits bestehende Kommunikationssystem »strukturell anzukoppeln«, um dieses seinerseits durch das »Zur-Verfügung-Stellen therapeutischer Eigenkomplexität« und Kompetenz »angemessen irritieren und verstören« zu können.

Im Rahmen der Kontextklärung stellt sich insbesondere die Frage, ob der Klient aus einem eigenen Motiv den »Kommunikationsraum« der Beratung bzw. Therapie betritt oder sich von anderen dazu aufgefordert oder gar verpflichtet fühlt, entgegen seinen eigenen Interessen. Bereits an dieser Stelle könnte sich zeigen, dass der Klient konflikthaft unterschiedliche Interessen zu realisieren versucht, möglicherweise bereits den latenten Konflikt im Blick auf Beratung und Therapie (re-)inszeniert und dadurch zu lösen versucht, dass er einerseits körperlich anwesend ist, andererseits aber mitteilt, dass er keine eigenen Erwartungen mit der Beratung und Therapie verbindet. Unterschiedliche Motive eines Klienten schaffen unterschiedliche Kommunikationsformen von Beratung und Therapie, die Steve de Shazer (2004) mit unterschiedlichen – irritierenderweise auf Personen bezogenen – Begriffen bezeichnet: »Klagender«, »Besucher« und »Kunde«. Beratung und Therapie erfordern Kunden. Kontextklärung ist insofern bereits Konfliktklärung, als sie zu einer Differenzierung und schließlich Entscheidung führt, was der Klient für sich selbst will bzw. nicht will.

Ergibt sich aus dieser »Erzählung« kein Anlass gegen die Weiterführung des Beratungs- und Therapieprozesses, führt der Weg zum nächsten Themenbereich.

Beschreibung des »Problems«

Im Unterschied zu rein lösungsfokussierten Vorgehensweisen fragen wir direkt: »Was ist das Problem?« Wir bitten die Klienten, geleitet durch unsere Fragen, nach und nach die gesamte Situation zu beschreiben, die sie als schwierig empfinden. Ein Klient stellt die Problemsituation – den Ist-Zustand – z. B. folgendermaßen aus seiner Sicht dar:

»Ich bin seit einem Jahr in einer international operierenden Firma als Projektleiter tätig und befinde mich eigentlich von Anfang an in einer Situation, die mich zunehmend an meine Grenzen in Bezug auf Kommunikation und Konfliktklärung bringt, intern und gegenüber den Kunden. Dies setzt mir vermehrt auch körperlich zu. Ich leide unter Magenschmerzen, Appetitlosigkeit, fühle mich überlastet, erschöpft und massiv gestresst, insbesondere durch den technischen Leiter der Firma, der sich ständig übergriffig in meine Aufgabenbereiche und in meine Vorgehensweisen einmischt. Ich habe keine Lust mehr, zur Arbeit zu gehen, kann nicht mehr gut abschalten, habe mir sogar schon überlegt, meine Tätigkeit dort wieder zu beenden.«

Klienten beschreiben das »Problem« und den Kontext des »Problems«, die »Problemsituation«, in der sie sich befinden, in einer Weise, in der sie sich selbst oft als Opfer innerer und/oder äußerer Umstände betrachten. Stünden ihnen nach allem, was sie meist selbst schon als Lösungsversuchen unternommen hatten, wirkungsvolle alternative Handlungs- und Lösungsmöglichkeiten für das von ihnen benannte »Problem« zur Verfügung, hätten sie Beratung, Mediation bzw. Therapie mit Sicherheit nicht in Anspruch genommen. Sie wünschen sich Rat und Unterstützung in einer Situation, deren Problematik sie selbst nicht mehr durchschauen und zu bewältigen vermögen.

Weitere Fragen, die hier nicht wiedergegeben werden, beziehen sich auf die Erkundung des organisationalen Kontextes und die Geschichte der Akteure in diesem Kontext.

Beschreibung und (Re-)Konstruktion des »eigentlichen Problems« bzw. des »Problems am Problem«

In diesem Gesprächsrahmen stellt der Berater bzw. Therapeut die ungewöhnliche oder zumindest gewöhnungsbedürftig klingende Frage nach dem »eigentlichen Problem« bzw. – wie wir es nennen – nach dem »Problem am Problem«, indem wir zunächst fragen:

> »Was ist eigentlich *für Sie* so schwierig in dieser Situation? Was ist denn *für Sie* – wenn ich das mal so sagen darf – das Problem am Problem?«

Zum Beispiel verweist der oben zitierte Klient auf das als kompetenzübergreifend wahrgenommene, kritisierende, die eigene Kompetenz infrage stellende Verhalten des technischen Leiters. Wir antworten auf Beschreibungen dieser Art gewöhnlich zunächst mit einem etwas provozierenden Kommentar und dann mit der im Hinblick auf die *Lösung wichtigsten Frage:* »Na ja: Ich gehe mal davon aus, dass der technische Leiter seine Gründe hat, sich so zu verhalten, wie er sich verhält. Warum und wie auch immer. Darf er ja! Aber – wie reagieren *Sie* dann, wie verhalten *Sie* sich? Und wie geht es *Ihnen* damit?«

Einerseits wird mit dieser Frage das vom Klienten beschriebene problematische Verhalten und Befinden in einen Interaktions- und Kommunikationskontext gestellt, andererseits eine *Fokusverschiebung* vorgenommen, die den Blick des Klienten *auf sich selbst* wendet. Es wird danach gefragt, *welchen Beitrag er selbst an der Herstellung und/oder Aufrechterhaltung des Problemprozesses leistet.*

Die eigentliche und sehr ausführliche Frage, die allerdings in einem Dialog entfaltet werden muss und in dieser Form nicht gestellt werden kann, lautet:

»Wie machen *Sie selbst* das genau, dass das, was da gerade geschieht oder was andere machen, *für Sie* zu dem wird, was *Sie selbst* als ›Problem‹ betrachten und als ›Problem‹ bezeichnen?«

Und so könnte der Dialog im Beispielfall ausschnittsweise aussehen:

»Ich habe das Gefühl, ich verfalle in eine Art Lähmung, Erstarrung bei gleichzeitiger hoher innerer Erregung, Wut, Ärger, Enttäuschung, auch über mich selbst, nicke irgendwie ab und schalte dann den Rückwärtsgang ein. Furchtbar!«
»Und wozu soll das gut sein?«
»Keine Ahnung! Ich würde das gerne verstehen und verändern!«
»Würde?«

Durch seine Antwort definiert sich der Klient als mitverantwortlicher Problem-Täter und implizit zugleich als jemand, der potenziell auch anders handeln könnte, aber – in unserer funktionalen Betrachtungsweise – aus Gründen, die erst (re-)konstruiert werden, nicht anders gehandelt hat. Der einzige, auf den der Klient effektiv Einfluss nehmen kann, ist er selbst. Die Übernahme der (Mit-)Verantwortung für die (Mit-)Herstellung und (Mit-)Aufrechterhaltung der vom Klienten als »problematisch« beschriebenen Situation ist zugleich die Voraussetzung der Verantwortungsübernahme für die Veränderung dieser Situation. Erst dadurch eröffnet sich dem Klienten die Möglichkeit, zum Kunden zu werden, der selbst etwas verändern und etwas Alternatives erreichen möchte.

Ob er das aber tatsächlich will, danach muss erst gefragt werden. Deshalb erfolgt im Prozess des KLM die Auftragsklärung nicht am Anfang der Beratung, Mediation bzw. Therapie, sondern erst nach der Beschreibung des »Problems« und des »eigentlichen Problems« in Verbindung mit der Zielklärung bzw. Zielbeschreibung.

Am Schluss jedes Gesprächsabschnitts erfolgt eine Zusammenfassung in Verbindung mit einer erweiterten Auftragsklärung vor jedem möglichen nächsten Themenbereich in Form der Frage:

> »Wenn Sie und ich das so sehen und beschreiben – was heißt das nun für *unsere* weitere Zusammenarbeit?«

Die Klienten werden jedes Mal vor eine Frage und vor eine Entscheidung gestellt. Ihnen wird eine Kooperation angeboten und die Mitverantwortung für den gemeinsamen Kommunikationsprozess zugemutet. Sie antworten dann oft: »Ich möchte das in Zukunft anders lösen.«

Sie zeigen damit an, dass sie selbst schon auf dem Sprung sind auf die andere Seite des »eigentlichen Problems« bzw. des »Problems am Problem«, nämlich auf die Seite des Ziels, das sie anstreben. Die Zielbeschreibung setzt also passgenau an der Beschreibung der Aufrechterhaltung des *eigenen, (re-)konstruierten problematischen Verhaltens* an, denn nur dieses Verhalten ist der Klient in der Lage, zu verändern. Im Prozess der Beschreibung des »eigentlichen Problems« befindet sich der Klient nicht in einer Art »Problemtrance«, wie oft gesagt wird, wenn Klienten eingeladen werden, *über* Probleme zu reden, sondern in einem Reflexionszustand.

Diese Vorgehensweise hat eine gewisse Ähnlichkeit mit der »Anleitung zum Unglücklichsein« von Watzlawick (1983). Sie intendiert eine Wirkung, die auf einer Paradoxie beruht: Wenn man sehr genau weiß, nicht nur wie man unglücklich wird, sondern wie man das selbst macht, dann ist man aus dem »Paradies der Unschuld« – aus dem »es passiert« – vertrieben und verfügt zumindest über die Optionen, es zu tun oder bleiben zu lassen. Wenn diese Optionen sich konflikthaft gestalten, eröffnen sich weitere Optionen, wie wir zeigen werden.

Beschreibung und Konstruktion der Zwischenlösung im Unterschied zum »eigentlichen Problem« – die andere Seite der Unterscheidung

Wenn Klienten eingeladen werden, nach einer detaillierten Darstellung der Problemsituation und der Kontexte dieser Situation sehr genau zu beschreiben, was ihr eigener Anteil an dieser Situation ist, wie sie selbst durch eigenes Verhalten, das sie als »problematisch« erleben, diese Situation (mit-)herstellen und (mit-)aufrechterhalten, dann ist es nach unserer Erfahrung geradezu unvermeidlich, dass die Klienten nicht nur unmittelbar wissen, was sie *nicht wollen,* sondern sofort einen Zugang haben zu dem, was sie *stattdessen wollen.* Dies ist deswegen einleuchtend, weil – wie oben erläutert – jede Beobachtung als Unterscheidung immer eine *andere* Seite mitführt. Der Klient muss dann nur noch angeregt werden, unter Berücksichtigung der im lösungsfokussierten Ansatz erarbeiteten *Kriterien für wohldefinierte Ziele* (Berg, 1995, S. 72 ff.; Walter u. Peller, 1995, S. 73 ff.; de Shazer, 2004; de Shazer u. Dolan, 2007) so genau und so konkret wie möglich zu operationalisieren, was er tatsächlich *anders* machen will, das heißt, wie die andere Seite konkret ausgestaltet wird.

Die wesentlichen *Kriterien* wohldefinierter Ziele fassen wir so zusammen:

- *Positive Beschreibung:* Das Ziel sollte in einer sprachlich positiven Form dargestellt werden. Das heißt, es sollte eher das Vorhandensein als die Abwesenheit von etwas zum Ausdruck bringen.
- *Prozesshafte Beschreibung:* Ein Ziel sollte als Prozess, nicht als eine Standaufnahme beschrieben werden. Es sollte in einer die Aktivität fördernden Sprache, was die Klientinnen und Klienten konkret tun bzw. tun werden, formuliert werden.
- *So spezifisch wie möglich:* Berater(innen)/Therapeut(innen) sollten den Klienten helfen, spezifischere Gedanken über ihr Handeln und Denken zu entwickeln.
- *Klienten kontrollieren bzw. beginnen* eine Handlung und/oder führen sie fort: Das Ziel sollte als von ihnen kontrollierbar beschrie-

ben werden und nicht davon abhängig sein, dass irgendetwas anderes oder irgendjemand anderes sich zuvor ändern müsste.

– *In der Sprache der Patienten formulieren:* Um sicherzustellen, dass man das Ziel der Klientinnen und Klienten kennt, sollte man nicht nur wörtlich notieren, was sie wollen, sondern auch versuchen, ihren Stil und ihre Denkungsart kennenzulernen, das heißt ihre Bedeutungskodes und Ressourcen.

Wenn der Klient dann noch eingeladen wird, so zu tun, *als ob* das *gerade* passiert, dann könnte man sagen, dass er sich vielleicht in einer Art *Lösungstrance* befindet:

»Ich stelle mich breit hin, aufgerichtet, Brust raus, vertrete einfach meinen Standpunkt – und ich gehe in den Konflikt!«
»Vielleicht ein bisschen wie ein Silberrücken, der sich gerade mit den Fäusten auf die Brust trommelt, oder so?«

Der lösungsfokussierte Ansatz (Berg, 1995; de Shazer, 2004) zielt auf die Konstruktion von Lösungen und endet mit der Beschreibung von Zielen und dem Entwurf ihrer konkreten Realisierung. Im KLM hingegen, das auf die (Re-)Konstruktion von Konflikten und Konstruktion von Konfliktlösungen zielt, ist die auf die Beschreibung der »eigentlichen Probleme« bezogene und auf sie folgende Beschreibung von Lösungen als deren andere Seite ein wichtiger weiterer Schritt in Richtung Aufklärung und Lösung von Konflikten, aber nur ein Zwischenschritt. Deshalb sprechen wir an dieser Stelle nicht von Lösungen bzw. Zielen, sondern von Zwischenlösungen, um mit dieser Bezeichnung anzudeuten, dass der Konfliktlösungsprozess noch nicht abgeschlossen ist. Warum nicht? Um diese Frage zu beantworten, müssen wir erst einen weiteren zentralen Aspekt der Systemtheorie berücksichtigen.

Beschreibung und (Re-)Konstruktion des Hindernisses

Psychische und soziale Systeme vollziehen, solange sie existieren, selbstverständlich ununterbrochen ihre aneinander anschließenden Operationen, das heißt, sie treffen Unterscheidungen, um dann den Prozess auf einer Seite der Unterscheidung im Hinblick auf relevante

Ziele fortzusetzen, bis im nächsten Moment die Notwendigkeit einer neuer Unterscheidung auftaucht etc. Es besteht Entscheidungs- und Selektionszwang (Luhmann, 1985, S. 286 ff.), sonst hört ein System auf zu operieren.

Nun gibt es Situationen, in denen es schwierig oder gar unmöglich erscheint, Unterscheidungen bzw. Entscheidungen zu treffen, also auf einer Seite einer Unterscheidung stehen zu bleiben bzw. fortzufahren, nicht hin und her zu flippen, nicht zu oszillieren. Dabei gehen wir davon aus, dass es für die Personen nicht deshalb schwierig oder unmöglich ist, Entscheidungen bzw. Unterscheidungen zu treffen, weil sie dies nicht könnten oder nicht wollten oder einfach nicht tun. Dieses Defizitmodell teilen wir nicht. Vielmehr meinen wir, dass es für die Personen in bestimmten Situationen und Kontexten ernst zu nehmende und wichtige »Hindernisse« – Einstellungen, Werte, Glaubensüberzeugungen – gibt, die der Erreichung ihrer relevanten Ziele gleichsam entgegenstehen und ihre selbstverständliche Realisierung verhindern und die sie eben selbstverständlich selbstorganisierend immer schon realisiert hätten, würde es diese »Hindernisse« nicht geben. Ohne diese Ideen über funktionale Zusammenhänge könnten wir überhaupt keine entsprechenden Fragen stellen. Deshalb fragen wir die Klienten nach einer kurzen Einführung dieser Idee direkt:

> »Ich möchten Ihnen zunächst eine Idee mitteilen und Ihnen dann eine Frage stellen. Ich bin der Überzeugung, dass Sie die von Ihnen genannten Ziele schon längst realisiert hätten, gäbe es für Sie nicht triftige Gründe, die *dagegen sprechen,* dies zu tun. Was genau ist das, was Sie hindert, die Führungsrolle in Ihrem Projekt ganz *selbstverständlich* einzunehmen, Ihre Kompetenzen und Ihre Projektvorstellungen ganz *selbstverständlich* einzubringen?«

An dieser Stelle sind zwei Antwortmöglichkeiten zu erwarten:

– Der Klient antwortet: »Nichts.« Das bedeutet, dass an dieser Stelle die bisherige konfliktlösungsorientierte Methodik endet. Die zunächst beabsichtigte Beschreibung von »Zwischenlösungen« erweist sich an dieser Stelle als »Lösung« bzw. – in der Sprache des lösungsfokussierten Ansatzes – als Ziel. Und das KLM erweist sich an dieser Stelle als rein lösungsorientierter Prozess, das heißt, das KLM enthält in sich die Variante eines rein lösungs-fokussierten Modells. Welches dieser beiden Modelle tatsächlich realisiert wird, zeigt sich aber erst im Verlauf des Prozesses. Im Fall der lösungsfokussierten Variante des KLM bleibt der Klient auf der Seite der Lösung. Latente Aspekte werden nicht beobachtet. Es kann also der Fall sein, dass der Klient an dieser Stelle sein »eigentliches Problem« lösen kann.

– Im anderen Fall ist der Klient – auf dem Hintergrund der genauen und ausreichend umfassenden Beschreibung des Ziels der »Zwischenlösung« – in der Lage, unmittelbar auf die Seite des »Hindernisses«, die ja im Konfliktfall auch immer schon (allerdings latent) mitgeführt wird, zu kreuzen, diese *überhaupt erst sichtbar zu machen* und seine für ihn positive Werthaftigkeit auch zu erleben. Diese, *durch diesen Schritt erst (re-)konstruierte und nun »aufgedeckte«* positive Werthaftigkeit des Hindernisses muss ebenfalls herausgehoben werden durch eine umfassende und differenzierte Beschreibung mithilfe der Kriterien wohldefinierter Ziele bzw. Lösungen, also durch die Beschreibung, wie der Klient die Realisierung die (Zwischen-)Lösung seiner »eigentlichen Probleme« selbst verhindert.

Häufig wird mit dieser Frage auch eine historisch-biografische Dimension eröffnet, Erinnerungen an vergangene Szenen und Situationen werden wach. Aktuelle Verhaltensmuster werden mit früheren Verhaltensmustern assoziativ verknüpft und ermöglichen sukzessive Antworten auf die gestellte Frage, z. B.: »Im Team, in der Zusammenarbeit mit anderen war ich immer gut. Allein auf mich gestellt war ich eher ängstlich, zurückhaltend. Ich war ein guter Basketballspieler, konnte mich in und mit der Mannschaft gut durchsetzen. In meiner Tennis-Jugendmannschaft war ich eher Schlusslicht. Ich habe dann damit aufgehört.«

Sehr schwierige Erfahrungen des Klienten mit Autoritätspersonen können angesprochen werden und seine bisherigen Umgangsweisen damit: Schutzmaßnahmen, Vorsicht, auch Rückzugsverhalten – aus einem *Bedürfnis nach Sicherheit*.

Wir sind mit dem Begriff »Hindernis« nicht ganz glücklich. Wir haben uns entschieden, ihn zu verwenden, weil er den Aspekt eines

»Gegen« enthält, der schon auf den Begriff des Konfliktes verweist, und weil er auch in anderen Zusammenhängen in einer nicht spezifischen Weise verwendet wird (Varga von Kibéd u. Sparrer, 2000; Caspar, 1996). Zudem wollen wir vermeiden, zentrale Begriffe anderer Theorie- und Praxiskonzepte zu übernehmen. Er bedarf aber der näheren Bestimmung:

Mit dem Begriff »Hindernis« sind im Zusammenhang des KLM die wichtigen Werte einer Person gemeint, die der Realisierung der Werte ihrer »Zwischenlösungen« entgegenstehen, deren Realisierung also »verhindern«. In der Regel handelt es sich bei »Hindernissen« um zentrale Lebensweltorientierungen, Haltungen und Einstellungen einer Person. In der Transaktionsanalyse (Schlegel, 1995, S. 176 ff.) spricht man vom »Skript« einer Person. Damit ist ein unbewusster »Lebensplan«, ein »Drehbuch« oder »Programm« gemeint, nach dem eine Person ihre Transaktionen und Beziehungen gestaltet. Solche Denk-, Fühl- und Verhaltensmuster (Ciompi, 1982, 1997) erwiesen sich meist in früheren Lebensphasen als sinnvoll, werden jedoch dann verfestigt und nie revidiert.

In der kognitiven Verhaltenstherapie, insbesondere im Konzept der »Plananalyse«, würde ein »Hindernis« als »Plan« betrachtet, genauer: als »Vermeidungsplan«. Caspar (1996, S. 60) beschreibt demnach den Zusammenhang von »Problem«, »Ziel« und »Hindernis« unter Verwendung seiner eigenen Begrifflichkeit: Für ihn sind »psychische Störungen [resp. Probleme] Nebenwirkungen von missglückten Versuchen, wichtige Bedürfnisse [resp. ›Ziele‹] zu befriedigen. Meistens kommt es dazu, wenn Vermeidungspläne [resp. ›Hindernisse‹] [...] die Konstruktion angemessener [...] Lösungen verunmöglichen.« Wir stimmen dieser Auffassung uneingeschränkt zu, erlauben uns aber, mit Hinweis auf diese Bedeutungsgebungen den Begriff »Hindernis« weiterhin zu verwenden.

Im KLM kommt den positiv formulierbaren »Hindernissen« ein anderer Stellenwert und eine andere Bedeutung zu wie den im lösungsfokussierten Ansatz (Steiner u. Berg, 2008, S. 157) erfragten »guten Gründen« *für* das als »problematisch« beobachtete Verhalten. Die »guten Gründe« stehen in einem Zusammenhang mit dem »Problem«. Die Hindernisse stehen jedoch in einem Zusammenhang mit der »Zwischenlösung«. Sie bilden deren andere Seite, bilden »gute Gründe« *gegen* die Realisierung des Ziels. Insofern bilden *»Zwischenlösungen« und Hindernisse die beiden Seiten des Konfliktes.*

Verhaltensmuster, die in aktuellen »Problem«situationen gezeigt werden, haben oft eine lange, bisher »erfolgreiche« Geschichte – bis sich zeigt, dass sie zur Lösung von »Problemen« nicht mehr tauglich erscheinen und auf eine Veränderung oder gar Auflösung verweisen. Es muss aber nicht diese gesamte Geschichte aufgerollt werden, um diese Veränderung erwirken zu können.

Beschreibung des psychischen Konfliktes

Mit der Beschreibung der »Zwischenlösungen« und der ihnen entgegenstehenden Hindernisse haben wir – jetzt erst! – die beiden Komponenten bzw. die beiden alternativen Werte des – erst jetzt! – als »bisher latent« beobachteten psychischen Widerspruchs bzw. Konfliktes (re-)konstruiert und (wenn man so will) offengelegt. Im Fall des obigen Klienten könnten wir diese alternativen Werte zusammenfassend so beschreiben (siehe Tabelle 9):

Tabelle 9: Die beiden Komponenten psychischer Konflikt: Zwischenlösungen und die ihnen widersprechenden Hindernisse

Zwischenlösungen: Selbstbehauptung, Selbstdurchsetzung in einer *sozialen* Konfliktsituation		Hindernisse: Vermeintliche Selbstsicherheit und Selbstschutz durch Vermeidung und sozialen Rückzug

Der Gesamtzusammenhang der aktuellen »Problem«situation könnte auch so beschrieben werden: Der Klient »löst« einen *sozialen* Konflikt, der auf der Ebene der sozialen Organisation durch eine möglicherweise (Neu-)Definierung von Führungsfunktionen und Führungsrollen gelöst werden müsste, durch einen *psychischen* Konflikt – und vermeidet sowohl psychische als auch soziale (Neu-)Entwicklungen, gefährdet dadurch sowohl seine psychische Gesundheit als auch die Funktionsfähigkeit der Organisation. Konfliktmuster der Vergangenheit werden in der Gegenwart im psychischen und im organisationalen System re-inszeniert.

Es entsteht Stress, den der Klient – am Anfang des Prozesses – als sein »Problem« beschrieben hat. Unsere basale Ausgangsthese scheint sich bestätigt zu haben: Das vom Klienten beschriebene »Problem« kann – jetzt! – als funktionale Lösung eines latenten Konfliktes betrachtet werden. Gefühle der Überforderung, Unruhe, Blockade etc. können in diesem Zusammenhang betrachtet werden als die Folgen einer Konflikt- bzw. Entscheidungssituation, die für den Klienten aktuell nicht auflösbar erscheint. Der psychische – und letztlich soziale – Konflikt schlägt um ins Körperliche, in Stressphänomene, die auf den Konflikt hinweisen. Oft werden nun nicht die den Stress bedingenden Konflikte, sondern nur die Stressreaktionen selbst als das eigentliche Problem betrachtet und von den Personen auf unterschiedliche Weise aufzulösen und zu bewältigen versucht: durch depressive Resignation, Vermeidungs- und Kontrollverhalten, Alkoholkonsum etc. – also auf Weisen, die die Stressreaktionen und das Bewältigungsverhalten oft teufelskreisartig aufrechterhalten.

Unterscheidungen im Prozess der (Re-)Konstruktion psychischer Konflikte

Blicken wir nochmals auf den bisherigen Verlauf des Prozesses der (Re-)Konstruktion des psychischen Konfliktes zurück, so sieht man, dass wir nicht nur Beobachtungen und Wertunterschiede beobachtet, sondern im beraterischen bzw. therapeutischen Kommunikationsprozess selbst mehrere thematische Abgrenzungen und Unterscheidungen vorgenommen, also Unterscheidungen getroffen und zugleich einen Wechsel auf die jeweils andere Seite der Unterscheidung vollzogen haben. An drei Stellen vollziehen wir außerdem Perspektivenwechsel, die sich in der folgenden Abbildung 2 als Ebenenwechsel darstellen.

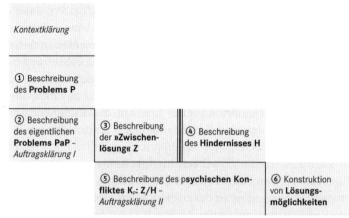

Abbildung 2: Thematische Unterscheidungen im Prozess der (Re-)Konstruktion psychischer Konflikte

Wir unterscheiden im Prozess der (Re-)Konstruktion des psychischen Konfliktes:

– Die Kontextklärung als die Beschreibung der Motive des Klienten für das »Betreten« des »Raumes« der beraterischen bzw. therapeutischen Kommunikation.

– ① Die Beschreibung des »Problems« P von der ② Beschreibung des »eigentlichen Problems« PaP für die Person selbst. Diese beiden unterschiedlichen Beschreibungen sind zudem verbunden mit einem Wechsel der Perspektive von einem Blick auf die Situation und den Kontext zu einem Blick auf die Person selbst. Beziehen wir uns auf den obigen Fall, könnten die Themen in folgenden Überschriften zusammengefasst werden. P: Entwertung und Erschöpfung im Kontext einer kollegialen Beziehung; PaP: Resignation und sozialer Rückzug. Abschließend erfolgt die Auftragsklärung I zum weiteren Prozess in Beratung, Mediation bzw. Therapie.

– Danach überschreiten wir eine thematische Grenze und wechseln auf die Seite ③ der Beschreibung der Zwischenlösungen Z, der vorläufigen Lösungen. In der Systemtheorie wird immer auch von einem Überschreiten einer Sinngrenze gesprochen. Dieses Überschreiten besteht in der Änderung der Bedingungen der Fortsetzbarkeit der Kommunikation (Luhmann, 1985, S. 35 f., 267 ff.; Fuchs, 2011, S. 21). In Bezug auf unseren Fall können wir die Beschreibung der Zwischenlösungen Z zusammenfassen unter der Überschrift: Selbstbehauptung und Selbstdurchsetzung in einer sozialen Konfliktsituation. Wichtig ist dabei, zu sehen, dass die Beschreibung der Zwischenlösung Z an die Beschreibung des »Problems am Problem« PaP anknüpft, dass PaP und Z sich gleichsam passgenau aufeinander beziehen und sich voneinander unterscheiden.

– Die nächste thematische Unterscheidung treffen wir, wenn wir auf ein neues Thema fokussieren: ④ die Hindernisse H. Auf den obigen Fall bezogen geht es thematisch um vermeintliche Selbstsicherheit und vermeintlichen Selbstschutz durch Vermeidung und sozialen Rückzug. Wiederum beziehen sich Z und H inhaltlich aufeinander und unterscheiden sich voneinander. Wir betonen, dass es nicht Aufgabe des Therapeuten oder Beraters ist, dabei zu helfen, das Hindernis H »wegzumachen«, sondern dass dieses Hindernis als eine Ressource in den folgenden Lösungsprozess eingeht. Wie sich am Schluss Zwischenlösung und Hindernis zueinander verhalten, ist offen. Beide tragen zur Lösung bei.

– Es ist möglich, dass überhaupt keine Hindernisse artikuliert werden. Dann »verwandelt« sich die Zwischenlösung zur Lösung und der Prozess endet an dieser Stelle.

– Z und H bilden zusammen genommen die beiden nunmehr »aufgedeckten«, (re-)konstruierten Seiten des ⑤ psychischen Konfliktes K_p: Z/H mit seinen inhaltlich bestimmten Alternativen Z und H. Zugleich heben sie sich von dem bisherigen Prozess ab und bilden wiederum eine neue Beschreibungsebene. Abschließend erfolgt eine neue Auftragsklärung II bezogen auf den Fortgang des Prozesses.

– Die andere Seite ⑥ der Beschreibung des Konfliktes bilden die unterschiedlichen Formen der Konstruktionen von Lösungen im Raum und in der Zeit, die wir unten ausführlich darstellen.

Beraterische bzw. therapeutische Kommunikation als Konflikt(re)konstruktion und Lösungskonstruktion vollzieht sich demnach als fortwährende Differenzierung. Wenn wir dabei eine konsequent systemtheoretisch-konstruktivistische Sichtweise einnehmen, lässt sich nun auch gut erkennen, dass das vom Klienten zu Beginn dieses differenzierenden Aufklärungs- bzw. (Re-)Konstruktionsprozesses beschriebene »Problem« als Resultat des Lösungsversuchs eines latenten – metaphorisch, räumlich formuliert: eines »zugrunde liegenden« – Konfliktes (re)konstruiert werden kann. Im weiteren Prozess ist es dann wiederum möglich, auf dessen andere Seite zu kreuzen, um alternative äquivalente Lösungsmöglichkeiten zu konstruieren.

Konflikt(re)konstruktion bei latenten sozialen Konflikten

In psychischen Konflikten sind die gegensätzlichen Werte auf die beiden Seiten einer gedanklichen Unterscheidung verteilt. Die Klienten oszillieren in ihren Gedanken hin und her. In sozialen Konflikten widersprechen sich die Partner nicht in ihren psychischen Systemen, sondern widersprechen *einander*. Sie sind psychisch *klar entschieden* und haben einen festen Standpunkt eingenommen. Aber in ihrer Kommunikation widersprechen sie sich in ihren *klar unterschiedenen* Zielen, Wünschen und Werten.

Die Aufklärung bzw. (Re-)Konstruktion latenter sozialer Konflikte folgt demselben differenzierenden Prozessmuster wie die Aufklärung bzw. (Re-)Konstruktion latenter psychischer Konflikte. Innerhalb der einzelnen Gesprächsrahmen zeigen sich jedoch Unterschiede, die wir im Folgenden darstellen.

Kontextklärung

Es ist unwahrscheinlich, dass Partner dieselben Motive und Interessen mit Beratung, Mediation bzw. Therapie verbinden. Bereits zu Beginn kann ein partnerschaftlicher Konflikt manifest werden, der einer Lösung bedarf: Einer der beiden will Therapie, Mediation bzw. Beratung, der andere nicht. Damit Paarberatung bzw. Paartherapie sinnvoll durchgeführt werden kann, bedarf es der Entscheidung und Zustimmung *beider* Partner zum »Eintritt« in den »Kommunikationsraum Beratung, Mediation bzw. Therapie«. Es bedarf einer Verhandlung und Entscheidung zunächst über Aspekte dieses Kommunikationsprozesses, die gegeben sein müssten oder realisiert werden sollten, die beiden Partnern den »Zugang eröffnet«. Andernfalls kann nicht von einer Paar- bzw. Partnerberatung bzw. -therapie gesprochen werden. In einem solchen Fall wäre der Konflikt von Beginn an in die Kommunikation über den Versuch einer Konfliktlösung »wieder eingetreten«. Konfliktlösung beginnt mit der Kontextklärung.

In der Systemtheorie (Luhmann, 2004) und in der Differenztheorie (Spencer-Brown, 1969/1997) spricht man von einem »Wiedereintritt« oder »Re-entry«[8], in unserem Fall von einem Wiedereintritt der Störung in die Behandlung der Störung bzw. von einem Wiedereintritt des Kommunikationsproblems in die Lösungskommunikation.

Beschreibung des »Problems«

Die (Re-)Konstruktion dessen, um das es in sozialen Konfliktlagen »eigentlich« geht, nimmt genauso wie bei psychischen Konflikten den Ausgangspunkt bei der Beschreibung der »Problem«situation durch die Partner. Beschrieben werden Auseinandersetzungen, die oft in alltäglichen Bagatellen und Banalitäten ihren Anfang nehmen und immer wieder eskalieren. Die Beschreibungen der »Problem«-situationen der beiden Partner können dabei sehr unterschiedlich sein, sodass sich auch diese Gesprächssituation in der Beratung, Mediation und Therapie selbst als soziale Konfliktsituation zeigt, die eine Entscheidung erfordert, an welchem Thema in der beraterischen bzw. therapeutischen Kommunikation angeschlossen wird. Auch hier finden wir das Muster des Re-entry wieder, ein Wiedereintritt des Systems in sich selbst (Spencer-Brown, 1969/1997). Die Partner reden einerseits *über* »Problem«- und Konfliktsituationen, sind andererseits aber bereits *mitten im Geschehen der Konfliktlösung*.

Beschreibung und (Re-)Konstruktion des »Problems am Problem« der Partner

Auch im Partnerkontext stellt der Berater bzw. Therapeut die Frage nach dem »eigentlichen Problem«, dieses Mal an beide Partner:

---

8   Siehe dazu auch Anhang III.

»Was ist eigentlich *für Sie* so schwierig, wenn sich Ihr Partner bzw. Ihre Partnerin in dieser Situation so verhält, wie Sie das erleben und gerade beschrieben haben? Was ist denn *für Sie* – wenn ich das mal so sagen darf – das Problem am Problem?«

Bei einem Paar sagt dann z. B.:

SIE: »Ich fühle mich ausgenutzt. Ich habe dann immer weniger Lust auf Nähe und Zärtlichkeit, ziehe mich emotional zurück.«

ER: »Ich fühle mich unter Druck gesetzt, zu etwas gezwungen, was ich nicht bin und nicht sein möchte. Ich werde dann richtig wütend.«

Die Partner erkennen neue Aspekte in den Sichtweisen des anderen Partners. Wieder erfolgt vor dem möglichen weiterführenden Themenbereich – der Konstruktion von Zwischenlösungen – obligatorisch die Frage, ob es dazu überhaupt einen Auftrag der beiden Partner gibt:

»Wenn Sie beide das so sehen und beschreiben – was heißt das nun für *unsere* weitere Zusammenarbeit?«

Immer wieder wird in Form der Auftragsklärung zur Kooperation eingeladen, aber auch Mitverantwortung und Entscheidung gefordert.

Beschreibung und Konstruktion der Zwischenlösungen

Beide Partner beschreiben in diesem Gesprächsrahmen nicht nur, was sie *von sich selbst* erwarten, sondern auch, was sie *vom andern* erwarten, woran genau sie merken könnten, dass die von ihnen erstrebten Zwischenlösungen erreicht und die damit verbundenen Werte realisiert worden sind. Wir möchten an dieser Stelle daran erinnern, dass dieser von uns eingeführte Begriff »Zwischenlösungen« die semantische Struktur von »Zielen« hat. Wir reden über »Zwischenlösungen« in derselben Weise wie über »Ziele«. Und dies auch wieder unter Berücksichtigung der Kriterien wohldefinierter Ziele (Berg, 1995; Walter u. Peller, 1995).

Im Paarbeispiel sagt z. B.:

SIE: »Ich möchte, dass er mehr Mitverantwortung übernimmt für die Sicherung unserer materiellen und finanziellen Existenz, und dass er endlich die Räume unseres Hauses fertigstellt. Ich möchte endlich in einem fertig gebauten Haus wohnen, nicht mehr auf einer Dauerbaustelle. Ich habe schon zu lange gewartet. Wenn er durch seine Freiberuflichkeit nicht genügend Geld verdient, dann sollte er einen Angestelltenjob annehmen. Und ich möchte, dass wir getrennte Konten einrichten, damit immer deutlich ist, was ich und was er zu unserem Lebensunterhalt beitrage. Wenn ich sehe, dass er meine Wünsche ernst nimmt, dann fühle ich mich respektiert und dann kann ich mir vorstellen, dass ich mich ihm gegenüber wieder öffne. Ich möchte mit ihm zusammenleben, aber nicht mehr um jeden Preis und nicht mehr so wie bisher.«

ER: »Ich sehe mich abhängig von Auftraggebern. Ich möchte in meinem Tempo arbeiten und auf meine Weise. Ich kann und möchte nicht in dem Tempo alle diese Dinge erledigen, wie sie es gewohnt ist. Das ist nicht mein Stil. Und ich brauche Zeit für meine eigenen Projekte.«

Vielleicht fällt auf, dass die Kommunikation nicht zwischen den Partnern stattfindet, sondern zwischen einem der beiden Partner und dem Berater bzw. Therapeuten. Wir erläutern später die Bedeutung dieser Form der Gesprächsführung, die in dieser Weise nur in einem professionellen Kontext anwendbar ist und hier auch die gewünschten Effekte zeitigt. Auf den ersten Blick scheint es nicht einleuchtend, dass die Unterbindung der direkten Kommunikation der sich widersprechenden Partner deren Verständigung und Lösungskompetenz fördern soll. Wenn man diese Vorgehensweise jedoch als Unterbrechung der lösungsverhindernden partnerschaftlichen Kommunikationsmuster betrachtet, ist sie geradezu Voraussetzung für die Konfliktlösung.

Beschreibung und (Re-)Konstruktion der Hindernisse

In sozialen Konfliktlagen können die beiden Partner nacheinander sehr direkt gefragt werden:

> »Was genau hindert Sie, dem Wunsch Ihres Partners bzw. Ihrer Partnerin zu entsprechen?«

Wir gehen davon aus, dass »hinter« diesen formulierten »Hindernissen« immer wichtige, vor allem *positive Werte* der Personen selbst stehen. Diese gilt es in der Kommunikation ausführlich und sehr genau zu eruieren – in einer Haltung der Offenheit, Neugierde, Neutralität und Wertschätzung. Berater bzw. Therapeuten könnten für die Klienten durch diese Form der implizit gegebenen wertschätzenden Kommunikation zum Modell werden für ihre partnerschaftliche Kommunikation – ohne dass dies in der beraterischen bzw. therapeutischen Kommunikation selbst noch einmal metakommuniziert wird. Wir gehen davon aus, dass eine solche neue emotionale Erfahrung den Erlebens- und Handlungsspielraum der Klienten direkt und wesentlich erweitert.

Im Paarbeispiel sagt sodann:

SIE: Ich habe ein großes Bedürfnis nach Sicherheit. Sein Umgang mit den Dingen, mit Beruf und Arbeit macht mich unsicher. Ich bemerke, dass ich unter Stress gerate, noch mehr Verantwortung zu übernehmen. Ich möchte mich aber endlich etwas mehr zurücklehnen dürfen, möchte Verantwortung abgeben.«

Im Zusammenhang solcher Aussagen von Klienten sollten Berater bzw. Therapeuten erwägen, biografische Aspekte und die Geschichte der Beziehungen der Klienten in die Kommunikation einzubeziehen. Die Gestaltung der aktuellen Beziehungen der Partner kann durch »unerledigte« Geschichten aus früheren Beziehungen mitgeprägt sein (Jellouschek, 2005). Dann wäre eine differenzierende Zuordnung der »problematischen« und konflikthaften Aspekte zu den »vergangenen« bzw. »gegenwärtigen« Beziehungen notwendig. Welche Ergebnisse auch immer eine solche Zuordnung erbringt – die möglicherweise auch durch biografische Aspekte mitgeprägten aktuellen Konflikte der Partner manifestieren sich in der *Gegenwart* und können somit nur in der Gegenwart gelöst werden. Es ist nicht wichtig, die zeitlich zurückliegenden Ursachen eines Konfliktes zu erkennen, also die kausale Frage nach dem »Warum« zu stellen, sondern zu erfahren, *wie* sich ein Konfliktmuster gebildet hat und möglicherweise in derselben Form *aktuell* wiederholt.

ER: »Ich brauche meine Zeit, mein Tempo, um meine Kreativität entfalten zu können. Ich bin gegen getrennte Konten. Getrennte Konten bedeuten für mich den Anfang vom Ende der Beziehung. Ich möchte aber das Gefühl haben, in Beziehung zu sein. Trennung der Konten führt nach meinem Gefühl auseinander.«

SIE: »Ich bin gegen die Weiterführung des gemeinsamen Kontos. Getrennte Konten bedeuten für mich den Beginn einer gleichberechtigten, partnerschaftlichen, möglicherweise auch wieder liebevollen Beziehung. Es bedeutet für mich: Er übernimmt mehr Verantwortung für uns. Trennung der Konten führt zusammen.«

Eine andere Form eines Hindernisses im Rahmen eines soziokulturellen Konfliktes beschreibt Patricia Fernandes da Silva (2015, S. 209 ff.), von dem sie nicht nur direkt mitbetroffen war in ihrer Arbeit in einer NGO zur HIV-AIDS-Prävention in Angola, sondern den sie selbst direkt mitkonstituierte: »Ich muss gestehen, dass ich skeptisch war, was die Wirksamkeit der Kampagne betraf, und musste unentwegt über die *unsichtbare ›Mauer der Kultur‹* [Hervorhebung von den Verfassern] nachdenken, vor der wir standen und stellte mir fortwährend Fragen wie: Wie wirkt sich die Kultur auf die alltäglichen Entscheidungen der Menschen aus? Sind sich die Menschen bewusst, dass sie sich so verhalten, weil es unsere Art ist, unsere Kultur? […] Wie bringt man den Menschen bei, dass sie etwas, an das sie glauben und was sie als Kinder bei ihren Vätern und Großvätern, bei ihrer Mutter und ihren Großmüttern gesehen haben, ändern müssen, um diese HIV-AIDS-Epidemie zu überleben? […] Eine Frau gilt erst dann als richtige Frau, wenn sie Mutter ist. Diese Regel ist in der afrikanischen Kultur so sehr verwurzelt, dass Frauen bereitwillig große Risiken auf sich nehmen, um den Mutterstatus zu erlangen [auch Risiken in Beziehungen zu Männern, die Beziehungen zu mehreren Sexualpartnerinnen gleichzeitig unterhalten]. Verhütungsmethoden oder nichtpenetrierende Sexualpraktiken als Optionen sicheren Geschlechtsverkehrs stellen die Frauen vor ein gewaltiges Dilemma.«

Auch in dieser Beschreibung eines soziokulturellen Konfliktes, der ebenfalls zu einem psychischen Konflikt wird, zu einem »gewaltigen Dilemma« angolanischer Frauen, wird der zunächst latente und positive Wert des Hindernisses illustriert als »unsichtbare Mauer der Kultur«. Diese Metapher steht für eine Regel, die ihren Wert darin hat, dass für angolanische Frauen »richtiges Frausein« bedeutet, »Mutter zu sein«. Um diesen Wert in ihrem Leben zu realisieren, riskieren sie ihr Leben. Soziale Maßnahmen, ihr Leben zu erhalten, widersprechen diesem kulturell bedingten Wert, der von den Frauen selbst in das eigene Bewusstsein übernommen worden ist. Diese Maßnahmen konstituieren dadurch nicht nur einen sozialen Konflikt zwischen den Mitarbeiterinnen einer NGO und den angolanischen Frauen, sondern auch einen psychischen Konflikt in den angesprochenen Frauen selbst.

Beschreibung des sozialen Konfliktes

Mit der Beschreibung der Zwischenlösungen der Partner und der Beschreibung der den Zwischenlösungen des einen Partners entgegenstehenden Hindernisse des anderen Partners haben wir die Komponenten sozialer Widersprüche bzw. Konflikte (re-)konstruiert. Im Fall der beiden Partner des Beispielpaars können wir die einzelnen Werte in folgender Tabelle 9b einander gegenüberstellen:

Tabelle 9b: Die Komponenten sozialer Konflikt: Zwischenlösungen der Partner und die ihnen jeweils widersprechenden Hindernisse am Beispiel eines Paares

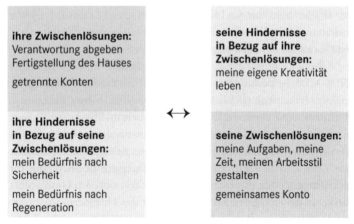

Eine Unterscheidung müssen wir noch präziser beschreiben: Im Fall psychischer Konflikte bilden Zwischenlösung/Hindernis die beiden Seiten des Konflikts. Im Fall sozialer Konflikte könnte man sich damit begnügen, zu sagen, die unterschiedlichen Zwischenlösungen

der beiden Partner bilden die beiden Seiten der Unterscheidung, die sich widersprechen.

Mit der Unterscheidung von *Zwischenlösungen* einer Person und den *Hindernissen* dieser Person *in Bezug auf* die Zwischenlösungen der anderen Person werden jedoch die spezifischen, sich widersprechenden Werteimplikationen in den Zwischenlösungen der einen Person gegenüber den Zwischenlösungen der anderen Person in der beraterischen bzw. therapeutischen Kommunikation prägnanter herausgearbeitet und für die beiden Partner offengelegt. Man gewinnt eine zusätzliche Dimension der Betrachtung, die der Berater bzw. Therapeut als unterscheidend einführt, um die beiden Seiten des Konfliktes zu präzisieren. Zwischenlösungen und Hindernisse stehen orthogonal zueinander. Hindernisse meinen auch hier – wie schon beschrieben – zentrale Lebensweltorientierungen, Haltungen und Einstellungen einer Person.

In ihrer bisherigen partnerschaftlichen Kommunikation waren bei dem Beispielpaar alle diese nun differenziert (re-)konstruierten Konfliktaspekte kein Thema. Sie waren nicht im Blick der Partner, sondern latent. Wie sollte also eine gute Auflösung ihrer ständigen manifesten Streitthemen möglich gewesen sein? Für den Prozess der Lösung sozialer Konflikte ist aber gerade diese Präzisierungsarbeit eine Conditio sine qua non! Warum?

Konfliktlösung bedeutet Neuentscheidung der beiden Partner. Soll diese Neuentscheidung von *beiden* Partnern akzeptiert und mitgetragen werden, müssen beide sehen und das Gefühl haben, dass ihre je eigenen Intentionen, Werte, Haltungen, Ziele und Bedürfnisse auch vom anderen differenziert gesehen und respektiert werden. Genau dies leistet diese differenzierte Beschreibung der *Zwischenlösungen* und der *positiv formulierten Hindernisse.* Sie bildet die Bedingung für die Ermöglichung der Herstellung einer Win-win-Situation (Glasl, 2010) für beide Partner. Mit Blick auf die Theorie einer Beziehungsethik bildet sie auch die Voraussetzung für die Klärung der Frage (Gergen, 2015, S. 193): »Wie können wir uns, die wir so unterschiedlich sind, in Richtungen entwickeln, die wir beide wertschätzen können?«

Aus Gründen der Präzisierung halten wir auch bei *offenen* sozialen Konflikten, bei denen die Wertunterschiede der beiden

Partner – scheinbar – klar auf dem Tisch liegen, eine *ergänzende* Hindernis(re)konstruktion als notwendige Voraussetzung für die Konstruktion von Konfliktlösungen, mit denen *beide* Partner gut leben können.

Die Wiedereinführung des Konflikts in Beratung und Therapie

Es ist damit zu rechnen, dass Partner auch in der Beratung, Mediation und Therapie die gewohnten, Streit hervorrufenden, eskalierenden und Lösungen verhindernden Kommunikationsmuster fortzusetzen versuchen. Der Berater bzw. Therapeut hat nun mehrere Möglichkeiten, diese Muster metakommunikativ zu thematisieren, infrage zu stellen und möglicherweise zu unterbrechen:

- Er stellt direkte oder zirkuläre Fragen (Simon u. Rech-Simon, 1999; Tomm, 1994) an beide Partner und erwartet eine Antwort *an ihn selbst.* Durch die Fokussierung der Partner auf ihn verringert er die Wahrscheinlichkeit, dass die Partner ihre bisherige lösungsverhindernde Kommunikationsweise weiterführen. Andererseits könnte die Wahrscheinlichkeit steigen, dass die Partner ihre jeweils unterschiedlichen Sichtweisen des Problems, des eigentlichen Problems und ihrer darauf bezogenen Ziele bzw. Zwischenlösungen einerseits ungestört *artikulieren,* andererseits ungestört *hören* können. Die im Konfliktlösungsprozess erfolgende Artikulierung ihrer Zwischenlösungen und der darauf bezogenen Hindernisse erscheint uns dagegen auch im direkten partnerschaftlichen Dialog möglich.
- Wenn die Partner diese vom Berater bzw. Therapeuten vorgeschlagene Form der Kommunikation in Beratung, Mediation und Therapie immer wieder missachten und dazu benutzen, den anderen Partner, seine Intentionen und sein Verhalten direkt oder indirekt abzuwerten und zu kritisieren, wenn sie sich gegenseitig ins Wort fallen und nicht mehr bereit sind, dem anderen Partner zuzuhören, dann sollte diese aktualisierte Beziehungsdynamik und Mitteilungsform metakommunikativ infrage gestellt werden. Auch der Berater bzw. Therapeut sollte dabei die Grenze aufzeigen, die er nicht verletzt wissen möchte. Das heißt: Er fordert eine Entscheidung und sagt etwa Folgendes:

»Ist diese Art, miteinander zu reden, für Sie nützlich?«

»Wenn Sie auf diese Weise weiterhin miteinander reden würden, wie würde es *Ihnen* dann am Ende der Sitzung gehen?«

»Als Berater bzw. Therapeut kann ich Sie nur verstehen, wenn ich die Möglichkeit habe, jedem von Ihnen ungestört zuhören zu können. Meine Arbeitsweise ist die, dass ich Fragen stellen möchte, wie jeder von Ihnen die Probleme sieht, welche Lösungsmöglichkeiten jeder von Ihnen sieht und wie Sie miteinander reden wollen.«

»Was brauchen Sie, um *ungestört sprechen,* aber sich auch *gut zuhören* zu können? Wir können das gerne klären. Aber ohne die Einhaltung dieser beiden Rahmenbedingungen sind lösungsförderliche gemeinsame Gespräche, die über das bisher Gewohnte hinausgehen, nicht möglich.«

Auch im Hinblick auf die Gestaltung der Mitteilungsebene (Luhmann, 2004) bzw. Beziehungsebene (Watzlawick, Beavin u. Jackson, 1982) der beraterischen bzw. therapeutischen Kommunikation werden die beiden Partner in der Kommunikation mit dem Berater bzw. Therapeuten selbst mit einem Konflikt und der Notwendigkeit einer Entscheidung konfrontiert. Die konflikthafte Form der Kommunikation der Partner wird zum Inhalt der Kommunikation. Wiederum handelt es sich um einen Wiedereintritt der Störung in die Behandlung der Störung bzw. um einen Wiedereintritt des Kommunikationsproblems in die Lösungskommunikation. Eine solche Situation wird vom Berater bzw. Therapeuten auf die eben skizzierte Weise gehandhabt, die ein negatives, also ein abbauendes Feedback auf die eskalierende Streitsituation darstellen könnte. Soll Beratung, Mediation bzw. Therapie für alle Beteiligten – Klienten und Berater bzw. Therapeuten gleicherweise – nützlich und effektiv sein, kann dies nur in der Form einer respektvollen, lösungsorientierten Kommunikation geschehen. Sind die Partner nicht dazu bereit, diese Rahmenbedingungen einzuhalten oder – möglicherweise immer wieder – an der Einhaltung dieser Rahmenbedingungen *miteinander* zu arbeiten, bedeutet dies das Ende von Beratung bzw. Therapie. Beratung bzw. Therapie als sekundäres gesellschaftliches Funktionssystem (Fuchs, 2011) verliert dann seine Funktion. Im Moment, da Beratung bzw. Therapie eine Verschlechterung der

Situation bewirkt, muss sie beendet werden. Sie erweist sich andernfalls selbst als destruktiv.

Unterscheidungen im Prozess der (Re-)Konstruktion sozialer Konflikte

Im Unterschied zur (Re-)Konstruktion psychischer Konflikte müssen wir im Prozess der (Re-)Konstruktion sozialer Konflikte die unterschiedlichen Sichtweisen und Beschreibungen beider Partner berücksichtigen und in unserer Prozessdarstellung entsprechend abbilden (siehe Abbildung 3).

– Die Kontextklärung als die Beschreibung der möglicherweise unterschiedlichen Motive der beiden Partner für das »Betreten« des »Raumes« der beraterischen bzw. therapeutischen Kommunikation.

– ① Die möglicherweise unterschiedliche Beschreibung des »Problems« P_E (Problem Ego) und P_A (Problem Alter) beider Partner von der ② mit Sicherheit unterschiedlichen Beschreibung des »eigentlichen Problems« PaP_E und PaP_A für die beiden Personen selbst. Diese unterschiedlichen Beschreibungen sind – wie auch im Prozess der (Re-)Konstruktion psychischer Konflikte – verbunden mit einem Wechsel der Perspektive von einem Blick auf die Situation und den Kontext zu einem Blick auf die Personen selbst.

– Danach überschreiten wir eine thematische Grenze und wechseln auf die Seite ③ der Beschreibung der Zwischenlösungen Z_E und Z_A der beiden Partner. Wiederum ist dabei wichtig, zu sehen, dass die Beschreibungen der Zwischenlösungen Z_E und Z_A an die Beschreibungen der jeweiligen »Probleme am Problem« PaP_E und PaP_A der beiden Partner anknüpft. Abschließend erfolgt die Auftragsklärung I zum weiteren Vorgehen in Beratung, Mediation bzw. Therapie.

– Die nächste thematische Unterscheidung treffen wir, wenn wir die Bedingungen der Fortsetzbarkeit der Kommunikation erneut ändern und auf ein neues Thema fokussieren: ④ die Hindernisse H_E des einen Partners in Bezug auf die Zwischenlösung Z_A des anderen Partners: $H_{E \to Z_A}$ bzw. die Hindernisse H_A des anderen Partners in Bezug auf die Zwischenlösung Z_E des einen Partners: $H_{A \to Z_E}$.

– Werden von den Partnern jedoch keine Hindernisse artikuliert, »verwandeln« sich die Zwischenlösungen in Lösungen und der

Beratungs-, Mediations- bzw. Therapieprozess endet an dieser Stelle. Die Zwischenlösungen werden dann – wenn auch als unterschiedlich – von beiden Partnern als realisierbar betrachtet.

– Zwischenlösung Z_E und Hindernis $H_{E \to Z_A}$ des einen Partners und Zwischenlösung Z_A und Hindernis $H_{A \to Z_E}$ des anderen Partners bilden zusammengenommen die beiden Seiten des ⑤ sozialen Konfliktes K_S: Z_A-$H_{E \to Z_A}$/Z_E-$H_{A \to Z_E}$. Auf den beiden Seiten des sozialen Konfliktes sind jeweils die inhaltlich differenzierten Zwischenlösungs-Hindernis-Aspekte der beiden Partner zusammengefasst. In dieser Form einer – im Unterschied zum psychischen Konflikt – ungleich komplexeren Zusammenfassung der Aspekte des sozialen Konfliktes heben sich diese Aspekte ebenfalls von dem bisherigen Prozess ab und bilden eine neue Beschreibungsebene. Abschließend erfolgt wiederum eine neue Auftragsklärung II bezogen auf den Fortgang des Prozesses.

– Die andere Seite ⑥ der Beschreibung des sozialen Konfliktes bilden die unterschiedlichen Formen der Konstruktionen von Lösungen im Raum und in der Zeit, die wir unten ausführlich darstellen.

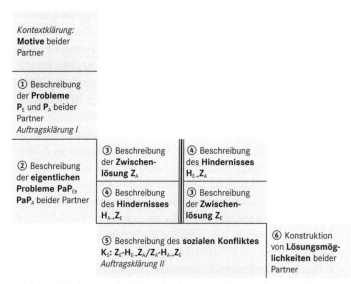

Abbildung 3: Thematische Unterscheidungen im Prozess der (Re-)Konstruktion sozialer Konflikte

Konstruktion von Lösungen psychischer und sozialer Konflikte

Allgemeine Aspekte

Die Betonung der Individualität, damit der Unterschiedlichkeit der Personen, die Vielfalt der Sichtweisen, Lebensstile und Kulturen ist ein wesentliches Merkmal der Postmoderne. Deshalb dürfte es sehr unwahrscheinlich sein (Luhmann, 1985, 2004), dass Partner, die kooperieren möchten, zu jedem Zeitpunkt von denselben Bedürfnissen ausgehen und dieselben Ziele verfolgen. Dies erscheint fast selbstverständlich und banal. Weniger selbstverständlich erscheint der Umgang mit Alternativen, Unterschieden, Gegensätzen und Dilemmata. Er erfordert ein hohes Maß an differenziertem Wissen über die Komplexität der Zusammenhänge und der verschiedenen Aspekte der Gestaltung eines Lösungsprozesses, der oft nur durch Inanspruchnahme externer Beobachter, also Berater bzw. Therapeuten, zu leisten ist.

Bisher haben wir den Prozess der *(Re-)Konstruktion* der Alternativen, Unterschiede und Gegensätze psychischer und sozialer Konflikte beschrieben. Je nachdem, ob wir es mit psychischen oder sozialen Konflikten zu tun haben, (re-)konstruieren wir unterschiedliche Aspekte der beiden Seiten des Konfliktes:

- Mit der Beschreibung der Zwischenlösungen Z und der Beschreibung der den Zwischenlösungen Z entgegenstehenden Hindernisse H haben wir die beiden Seiten bzw. die alternativen Werte des psychischen Widerspruchs bzw. Konfliktes K_p: Z/H (re-)konstruiert. Sie erscheinen oszillierend im Bewusstsein.
- Im Fall sozialer Konflikte K_S zeigen sich die Verhältnisse komplexer: Wir haben es zu tun mit der Kommunikation von Unterschieden bzw. Gegensätzen von zwei Partnern, Gruppierungen oder sozialen Systemen.

  Die beiden kommunikativ prozessierten Seiten bzw. alternativen Werte des sozialen Konfliktes K_S haben wir bezeichnet mit K_S: Z_E-$H_{E \to Z_A}$/Z_A-$H_{A \to Z_E}$. Die beiden Seiten des sozialen Konfliktes bilden:

  1. Die Zwischenlösung Z_E zusammen mit dem Hindernis $H_{E \to Z_A}$ des einen Partners in Bezug auf die Zwischenlösung Z_A des anderen Partners und

2. die Zwischenlösung Z_A zusammen mit dem Hindernis $H_{A \to Z_E}$ des anderen Partners in Bezug auf die Zwischenlösung Z_E des einen Partners.

Auf beiden Seiten des sozialen Konfliktes sind in differenzierter Form die dem einen bzw. dem anderen Partner zugehörenden Zwischenlösungs-Hindernis-Aspekte zusammengefasst.

– Sowohl bei psychischen als auch sozialen Konflikten tragen die Hindernisse als Hinweise auf eine Konflikthaftigkeit die Bedeutung des »Gegen« als positive Wertigkeit mit sich.

Im Fall psychischer Konflikte *einer* Person widersprechen die Hindernisse unmittelbar den Zwischenlösungen *derselben* Person.

Im Fall sozialer Konflikte stellen die Hindernisse *eines* Partners die den Zwischenlösungen des *anderen* direkt widersprechenden Aspekte dar. Dieses »Gegen« wird auch bei sozialen Konflikten immer schon beiden Seiten zugeschrieben.

– Sowohl im Fall psychischer Konflikte K_P als auch im Fall sozialer Konflikte K_S unterscheiden wir also durchgehend zwei Seiten.

– Die Unterschiedlichkeit der Form der beiden Seiten des psychischen Konfliktes K_P und des sozialen Konfliktes K_S immer berücksichtigend, wollen wir diese beiden Seiten in einer allgemeinen Form mit den Variablen *a/b* bezeichnen und diese Bezeichnungen fortan verwenden.

Auf dem Hintergrund dieser zusammenfassenden Betrachtungen sind wir an dieser Stelle nun auch in der Lage, in der folgenden Darstellung der Entfaltung einer Methodologie der Lösung konkreter psychischer und sozialer Konflikte die Fäden unserer einführenden Entfaltung der Strukturen einer allgemeinen Logik der Konfliktlösung im Teil 1 wieder aufzunehmen und sie der Beschreibung der Praxis der Konfliktlösung zugrunde zu legen.

In der Form der Unterscheidung zweier Seiten *a/b* liegen psychische und soziale Konflikte nun distinkt, klar und offen auf dem Tisch. Obwohl noch keine Auflösung, noch keine Neuentscheidung der Konflikte vollzogen wurde, erleben viele diese Komplexitätsreduktion auf die Differenziertheit der beiden Seiten eines Konfliktes als enorm (auf-)klärend und erleichternd, insbesondere dann, wenn sie in einer tatsächlich neutralen, neugierigen und wertschätzend gestalteten Kommunikation (re-)konstruiert und aufgeklärt worden ist. Vieles hat sich allein dadurch schon verändert: die Sichtweisen auf und die Einstellungen zu sich selbst und zu anderen, zu eigenen und fremden zentralen Motiven und Werten, die unbedingt gesehen werden müssen, und zu Bedürfnissen und Lösungsideen, die bisher nicht im Blick waren. Ohne diese im bisherigen Kommunikationsprozess vollzogenen kognitiven und in deren Folge emotionalen Veränderungen der Beteiligten ist der eigentliche, erst folgende Konflikt*lösungs*prozess nicht einmal ansatzweise denkbar.

Aber was fangen alle Beteiligten mit der (re)konstruierten zentralen Differenz *a/b* an? Wie geht es nun weiter? Und – was soll das Ziel sein?

Wie bei den vorausgehenden Gesprächsrahmen werden diese Fragen mit den Personen und den Partnern selbst in einer weiteren Auftragsklärung entschieden:

> »Ich fasse mal zusammen, was ich verstanden habe, wie Sie die beiden Seiten des Konfliktes beschreiben. Das ist jetzt mal nur meine Sicht. Bitte ergänzen Sie, wenn ich etwas übersehen habe oder aus Ihrer Sicht nicht richtig sehe.«

Und wieder wird – ohne direkten metakommunikativen Hinweis – zur Nachahmung eingeladen:

> »Wenn Sie die Alternativen, die beiden Seiten des Konfliktes so sehen, wie wir das gerade zusammen beschrieben haben – was heißt das nun für *unsere* weitere Zusammenarbeit?«

Die Antwort könnte lauten: »Ich (wir) brauche(n) eine Lösung!«

Bevor wir wieder differenziert die einzelnen Schritte des Konstruktionsprozesses von Lösungen psychischer und sozialer Konflikte beschreiben, möchten wir vorab auf einige allgemeine Aspekte unseres Vorgehens hinweisen.

– Unser Konflikt-Lösungs-Modell (KLM) zielt *nicht* auf Konsens im Sinne eines Vergleichs oder eines Kompromisses durch gegenseitige freiwillige Übereinkunft, unter beiderseitigem Verzicht auf Teile der jeweils gestellten Forderungen bzw. formulierten Zwischenlösungen. Es geht – wie beschrieben – zunächst um die Entfaltung eines Lösungsmöglichkeitenraumes, in dem der Kompromiss als Übereinkunft auf ein neues, verbindendes Ziel – in unserer Logik – nur *eine* der insgesamt 16 Lösungsmöglichkeiten darstellt.

– Primär geht es aber um *Neuentscheidung* im Unterschied zu bisher getroffenen oder nicht getroffenen Entscheidungen. Es geht um die *Auswahl einer* Konfliktlösungsmöglichkeit aus 16 prinzipiellen Lösungsmöglichkeiten überhaupt. Sie enthalten auch die Möglichkeit der Nicht-Entscheidung *als Entscheidung* (vgl. Tabelle 4, Position 14: Antivalenz bzw. ausschließendes Oder: wwff). Die Möglichkeit der Nicht-Entscheidung als Entscheidung bedeutet: Man bleibt beim nicht gelösten Konflikt *als Konfliktlösung.* Auch hier handelt es sich um eine Form des Re-entry.

– Die Idee des Kompromisses ist vielen Menschen vertraut, nicht aber die Idee eines *Lösungsmöglichkeitenraumes.* Sie muss ihnen also vermittelt werden. Es bedarf einer Information über prinzipiell mögliche Lösungsformen, jedoch nicht über die Inhalte, mit denen eine dieser möglichen Formen gleichsam ausgefüllt werden kann.

– Personen, die im Fall psychischer oder sozialer Konflikte eine Neuentscheidung getroffen haben, sehen sich in der Folge vor weitere Entscheidungen gestellt. Das hängt damit zusammen, dass sich im Prozess der Konfliktlösung psychische und soziale Konflikte in der Regel gegenseitig »benötigen«. Wie ist das zu verstehen? Einige Beispiele dürften dies verständlich machen:

Wenn die Parteien CDU/CSU und SPD – unter der Bedingung einer anzustrebenden Kooperation – einen Koalitionsvertrag vereinbaren oder wenn die EU mit Griechenland ein weiteres Rettungspaket vereinbart oder wenn Arbeitgeber und Gewerkschaften einen Tarifvertrag aktualisieren, dann müssen die Vertragsparteien immer noch als »Einheiten« *für sich selbst* – analog der innerpsychischen Vorgänge – entscheiden, ob sie den getroffenen Entscheidungen, Vereinbarungen mit dem anderen Partner, mit der anderen Partei zustimmen wollen. Dann kann es passieren, dass z. B. der griechischen Regierungspartei der linke Flügel wegbricht. Das weiß man auch vorher, kalkuliert damit und will es vielleicht sogar. Auch mit der möglichen Konsequenz, dass Neuwahlen unumgänglich sind. Die Lösung eines sozialen Konfliktes führt zu einem »inneren« Konflikt. Dieser muss dann »innen« gelöst werden, z. B. in der Form: Die SPD muss die »Maut-Kröte« schlucken, zumindest vorerst, die CDU/CSU dafür die »Mindestlohn-Kröte«. Unterschiedliche Werte müssen nicht nur zu einem neuen »beides« zusammengepackt werden, sondern auch in das jeweils eigene »Selbstverständnis« übernommen werden.

Umgekehrt: Die Lösung eines psychischen Konfliktes erfordert oft die Lösung eines sozialen Konfliktes. Dasselbe gilt für Partner.

Der Projektleiter im obigen Fallbeispiel muss zumindest in die Kommunikation, vielleicht sogar in die Konfrontation, in den sozialen Konflikt mit dem Technischen Leiter gehen.

Das heißt: Der Prozess der Lösung sozialer Konflikte bewirkt oft eine Irritation des psychischen Systems, der Prozess der Lösung psychischer Konflikte eine Irritation sozialer Systeme. Die explizite Reflexion der Auswirkungen von Neuentscheidungen sollte also Bestandteil der Gestaltung System-Umwelt-verträglicher Konfliktlösungsprozesse sein.

– Konfliktlösungsprozesse benötigen aus diesen Gründen systemadäquate Reflexions- und Selbsterfahrungszeiten.

Bisherige positive Erfahrungen der Konfliktlösung

Psychische und soziale Konflikte sind unvermeidlich, sind geradezu konstitutiv für psychische und soziale Existenz und Entwicklung. Häufig dürften auch positive Erfahrungen im Umgang mit der Lösung existenziell bedeutsamer psychischer und sozialer Konflikte sein. Diese Erfahrungen stellen wichtige Ressourcen der Klienten dar, die in die Gestaltung von weiteren Konfliktlösungsprozessen einbezogen und genutzt werden sollten. Die Klienten verbinden sich selbst mit ihren *eigenen* Lösungskompetenzen in einem Lösungs-

kommunikationsprozess mit dem *professionellen* Berater bzw. Therapeuten. Sowohl einzelne Klienten als auch Partner werden direkt
darauf angesprochen:

> »Ich gehe davon aus, dass Sie schon Erfahrungen gemacht haben im
> Umgang mit Unterschieden bzw. mit Konflikten. Irgendwie muss das
> ja so sein, sonst wären Sie sicher nicht hier. Mich interessiert jetzt
> besonders, welche *guten* Erfahrungen Sie dabei gemacht haben,
> und natürlich, wie Sie das gemacht haben.«

Diese positiven Lösungserfahrungen stellen wichtige Ressourcen
für eine offene Einstellung zum Konflikt als solchem und für eine
positive Lösungserwartung dar. An sie kann auch in unvermeidlich
weiteren Konfliktlösungsprozessen angeschlossen werden.

Information über die Erweiterung von Wahlmöglichkeiten

Die Idee der Erweiterung von Wahlmöglichkeiten als Basis der
Konfliktlösung ist den Klienten nur im Ansatz geläufig, meist nur
in Form der Idee der Kompromissbildung. Dass darüber hinaus
noch viele andere Lösungsmöglichkeiten denkbar sind, muss ihnen
als Idee vermittelt werden. Sie dürfte dazu beitragen, neugierig zu
machen und Suchprozesse anzuregen.

> »Dazu möchte ich Ihnen gerne eine Idee vorstellen. Wenn man mit
> zwei unterschiedlichen oder gegensätzlichen Werten, Ideen, Zielen
> zu tun hat, über die man als Einzelner oder in einer Partnerschaft
> in irgendeiner Form entscheiden möchte, weil man mit sich selbst
> oder mit dem Partner wieder ins Reine kommen möchte, dann
> wird üblicherweise vorgeschlagen, die Anzahl der Möglichkeiten
> zu erweitern, zumindest mal um eine weitere Möglichkeit, nämlich
> irgendeine Form eines Kompromisses, einer gemeinsamen Schnitt-
> menge oder eines «beides» zu finden. Das kennen Sie ja. Wir hätten
> dann zumindest drei Konfliktlösungsmöglichkeiten:
> - Sie wählen die eine Alternative bzw. Seite und zugleich grenzen
>   sie sich gegen die andere Alternative bzw. Seite ab: *a/nicht b.*
> - Sie wählen die andere Alternative bzw. Seite und grenzen sich
>   zugleich gegen die eine Seite ab: *b/nicht a.*

- Sie finden irgendein verbindendes *beides,* also nicht nur eine Schnittmenge aus den vorgegebenen Elementen der einen und der anderen Seite.
- Rein logisch betrachtet eröffnet sich eine weitere vierte Konfliktlösungsmöglichkeit: Sie finden eine Lösung, die *weder* mit der einen Alternative bzw. Seite, *noch* mit der anderen etwas zu tun hat, also eine neue Option, die wir auch bezeichnen können mit *keine von beiden.*
- Sie können sich auch für alle vier Möglichkeiten miteinander entscheiden, denn es eröffnen sich weitere Konfliktlösungsmöglichkeiten, wenn man diese vier Lösungsformen *wiederum miteinander kombiniert.* Was sollte uns davon abhalten, das zu tun, was wir im konkreten Leben sowieso immer tun? – Nichts! Ich erwähne das jetzt schon. Es wird aber erst später wichtig.«

Konstruktion von Lösungen in der Zeit

Ein Zeit-Experiment mit einzelnen Klienten[9]

»Was könnte das jetzt ganz konkret für Sie und für Ihren Umgang mit Ihren Alternativen, mit Ihrem Konflikt heißen? Dazu möchte ich Ihnen gerne ein Experiment vorschlagen. Es ist eine Art Zeit-Experiment, das Ihnen vielleicht ermöglichen wird, neue Erfahrungen in bestimmten Zeiträumen zu machen. Sind Sie bereit, das Experiment zu Hause zu machen und danach hier davon zu berichten? Und darum geht es:

Stellen Sie sich bitte vor, diese vier Konfliktlösungsmöglichkeiten Ihres psychischen Konfliktes – nämlich: *a/nicht b, b/nicht a, beides und keines von beiden* – stellen vier Zeiträume dar. Und wie das mit Zeiträumen so ist – man kann sie *nicht gleichzeitig* ›betreten‹, sondern *nur nacheinander,* eben im Verlauf der Zeit.

---

9 Diese als Hausaufgabe, Experiment oder Übung bezeichnete Vorgehensweise wird in der systemischen Beratung bzw. Therapie sehr häufig verwendet, z. B. auch in Form der Unterscheidung »gerade/ungerade Tage« (Selvini Palazzoli, Boscolo, Cecchin u. Prata, 1979; siehe auch: Boscolo u. Bertrando, 1994). Wir beziehen uns hier auf eine Anregung aus einem Workshop mit Steve de Shazer, der diese Form des Experiments einem Paar vorschlug, allerdings nur mit zwei Alternativen.

- Nun möchte ich Sie bitten, bis zu unserem nächsten Termin in drei Wochen in den nächsten drei Tagen einmal *so zu tun, als hätten Sie sich entschieden, a/nicht b zu realisieren.* In diesem Zeitraum achten Sie bitte genau darauf, welche Gedanken und Gefühle sich Ihnen dazu zeigen.
- Danach ›betreten‹ Sie den jeweils genauso lange dauernden Zeitraum *b/nicht a,*
- dann den Zeitraum *beides*
- und schließlich den Zeitraum *keines von beiden.*

Ich bin gespannt, welche Erfahrungen Sie beim ›*Durchschreiten‹ dieser Zeiträume* machen.«

Mit den unterschiedlichen Inhalten, Werten, Bedeutungen und Gefühlen lässt sich nur dann in der vorgeschlagenen Weise spielen, *wenn sie zuvor klar und distinkt einander gegenübergestellt wurden.* Möglicherweise entsteht schon allein daraus das Bedürfnis nach einem verbindenden *beiden* oder sogar nach etwas *gänzlich anderem, Neuem,* nämlich dann, wenn sich der Klient entscheidet, sich *außerhalb dieser vorgegebenen Zeiträume* und der mit ihnen verbundenen Werte und Themen zu positionieren, also den Kontext des Konfliktes überhaupt zu verlassen. Aber es passiert noch viel mehr.

Der Klient hat die Möglichkeit, alle vier Lösungszeiträume *nacheinander* in der Zeit zu »durchschreiten« und sich darin zu erfahren (siehe Abbildung 4).

| a/nicht b | b/nicht a | beides | beides nicht |

Zeit ──────────────────────────────►

Abbildung 4: Zeiträume als Hinweise und Symbolisierungen von Lösungsmöglichkeiten

Wichtig ist nun zu sehen, dass der Klient in dem Moment, in dem er durch die vier Zeiträume schreitet, sich zugleich schon *im Raum der 16 Lösungsmöglichkeiten befindet,* ohne dass der Klient diesen 16-Lösungsmöglichkeiten-Raum für sich beobachtet. Dieser

16-Lösungsmöglichkeiten-Raum wird für einen Beobachter nur dann sichtbar, wenn der Klient *im Prozess des »Durchschreitens« aller vier Zeiträume* gleichsam natürlicherweise das Bedürfnis nach einer Verbindung bzw. nach einer Kombination dieser vier Lösungsformen verspürt und artikuliert. Der Klient befindet sich dann bereits auf einer Ebene der Beobachtung zweiter Ordnung, auf der er seine eigenen Beobachtungen beobachtet. Eine Kombination entspricht dann in jedem Fall *immer einer* der 16 logischen Lösungskombinationsmöglichkeiten, die wir entfaltet haben und denen die vier Hauptformen zugrunde liegen (siehe Tabelle 10; vgl. auch das Fallbeispiel der Tabelle 7).

Tabelle 10: Die 16 Lösungskombinationsmöglichkeiten

Bezeichnung		Bedeutung
1	**wf**ff	Es kommt nur a allein infrage.
2	**wf**fw	Es kommt a allein infrage, jedoch auch keines von beiden.
3	**wf**wf	Es kommt a allein infrage oder auch beides in irgendeiner Form.
4	**wf**ww	Es kommt a allein infrage oder beides oder keines von beiden.
5	**fw**ff	Es kommt nur b allein infrage.
6	**fw**wf	Es kommt b allein infrage oder beides in irgendeiner Form.
7	**fw**fw	Es kommt b allein infrage oder keines von beiden.
8	**fw**ww	Es kommt b allein infrage oder beides oder keines von beiden.
9	**ww**ww	Alle Möglichkeiten kommen infrage.
10	**ff**ww	Es kommt nur beides oder gar keines infrage.
11	**ff**wf	Es kommt nur beides zusammen infrage, in irgendeiner Form.
12	**ww**wf	Es kommen alle einzeln oder zusammen infrage, jedoch nicht keines.
13	**ff**ff	Es kommt gar nichts infrage, auch nicht keines! Der Klient verlässt die Thematik.
14	**ww**ff	Es kommt je a oder b einzeln infrage. Die klassische Alternative, der klassische Konflikt.

Bezeichnung		Bedeutung
15	wwfw	Es kommen je a oder b einzeln infrage oder keines.
16	fffw	Es kommt keine Möglichkeit a oder b infrage. Im Gegensatz zu 13 bleibt der Klient aber in der Thematik.

Anmerkung: Wieder sind die Gruppen durch Hervorhebungen gekennzeichnet. Die Reihenfolge dieser Zusammenfassung ist willkürlich und ohne logische Begründung.

Für die Klienten ist es *in dieser Form des Zeit-Experiments* überhaupt nicht wichtig, diese aus der Logik abgeleiteten Konfliktlösungsmöglichkeiten und ihre Bezeichnungen im Einzelnen zu kennen. Der Berater bzw. Therapeut jedoch sollte mit ihnen vertraut sein und kann sie dann leicht *aus der Semantik der Erzählungen der Klienten* über die gemachten Erfahrungen identifizieren. (Wir zeigen später einen sehr einfachen Weg, wie die vom Klienten gefundene Lösungskombination benannt und in das Schema der 16 Lösungskombinationsmöglichkeiten eingeordnet werden kann.) Beispiel:

Eine Klientin, die zur Lösung eines *partnerschaftlichen* Konfliktes dadurch beitragen möchte, dass sie die Position *b* ihres Partners neben ihre eigene Position *a* in ihr Bewusstsein übernimmt und dadurch für sich selbst einen *psychischen* Konflikt *a/b* konstruiert, berichtet von ihrer Lösungskonstruktion: »Mir wurde klar, dass mir das Leben *in der Stadt* wichtig ist, aus beruflichen und privaten Gründen *[a/nicht b]*. Mir ist bewusst, dass mein Partner mehr *außerhalb der Stadt* leben möchte, dass er sich in der Stadt nicht glücklich fühlt. Das möchte ich respektieren *[b/nicht a]*. Mir wurde aber auch klar, dass ich noch etwas mehr *Verbindendes [beides]* mit meinem Partner finden möchte.« Ausgeschlossen wurde von der Klientin die vierte Position *[beides nicht]*.

Symbolisieren lässt sich diese Lösungsform mit der Bezeichnung *wwwf*. Man könnte sie so umschreiben: Für die Klientin ist alles möglich: *a, b* und ein *beides,* nur nichts *ganz anderes,* also z. B. keine Aufhebung der Beziehung, kein Wunder, nichts Überraschendes. Sie möchte, dass sie und ihr Partner eine Entscheidung treffen im Umgang mit ihren jeweiligen Zielen und Wünschen. Was diese Form einer Entscheidung für die Klientin inhaltlich bedeutet, wie sie gleichsam inhaltlich gefüllt werden kann, könnte dann im weiteren Lösungsprozess mit der Klientin sukzessive konkretisiert werden.

Dieses Fallbeispiel gibt uns die Gelegenheit, nochmals auf die Unterscheidung psychischer und sozialer Konflikte hinzuweisen. Obwohl die Klientin in ihrem Denken immer bezogen ist auf die Position ihres Partners, prozessiert sie selbst einen psychischen Konflikt, genauer: einen *heterologischen* psychischen Konflikt. Im Unterschied zum autologischen psychischen Konflikt wird im heterologischen Konfliktfall vom psychischen System eine zur eigenen Option *a* fremde, alternative bzw. gegensätzliche und diese negierende Option *b* »übernommen«. Bei heterologischen psychischen Konflikten erwarten dann psychische Systeme das Unvereinbare *zwischen* ihnen jeweils *von sich selbst*.

Im sozialen Konflikt dagegen werden die Wertgegensätze *a/b* klar unterschieden den beiden Partnern zugeschrieben. Die Partner selbst sind in ihren psychischen Systemen völlig konfliktfrei.

Wir werden aber noch sehen, dass eine Lösung und Entscheidung sozialer Konflikte letztlich durch eine psychische Entscheidung der Partner mitkonstruiert werden muss. Die Lösungen psychischer und sozialer Konflikte »benötigen« und erfordern jeweils entsprechend die Lösungen sozialer und psychischer Konflikte, weil die Lösung psychischer und sozialer Konflikte in der Regel Auswirkungen auf das jeweils andere System hat. Wir kommen darauf ausführlich zurück.

Ein Zeit-Experiment mit Partnern

Partner können in gleicher Weise eingeladen werden, eine Zeitreise durch die Lösungsräume ihres sozialen bzw. partnerschaftlichen Konfliktes zu machen. Beiden Partnern wird dabei nicht nur das Erfahren und Erleben der eigenen Position ermöglicht, sondern auch die gegensätzliche Position des Partners.

Nach einer Einführung in die Idee der Konstruktion von Lösungen (siehe oben) erfolgt wieder die Einladung an die beiden Partner, sich auf eine Zeitreise zu begeben:

»Ich möchte Ihnen beiden gerne ein Experiment vorschlagen. Es ist ein Zeit-Experiment, das Ihnen vielleicht ermöglichen wird, neue

Erfahrungen in bestimmten Zeiträumen zu machen. Stellen Sie sich bitte vor, diese vier Konfliktlösungsmöglichkeiten Ihres partnerschaftlichen Konfliktes – nämlich: *a/nicht b, b/nicht a, beides und keines von beiden* – stellen vier Zeiträume dar. Und wie das mit Zeiträumen so ist – man kann sie *nicht gleichzeitig* ›betreten‹, sondern *nur nacheinander,* eben im Verlauf der Zeit.

– Nun möchte ich Sie beide bitten, in den nächsten drei Tagen einmal *so zu tun, als hätten Sie* sich entschieden, *a/nicht b* zu realisieren, das heißt die Seite des einen Partners. Das bedeutet, einer von Ihnen beiden beginnt der Eigen-, der andere mit der Fremdposition. In diesem Zeitraum achten Sie bitte genau darauf, welche Gedanken und Gefühle sich Ihnen jeweils dazu zeigen. Bitte sprechen Sie nicht miteinander darüber. Sie können aber Ihre Erfahrungen für sich aufschreiben.

– Danach ›betreten‹ Sie den jeweils genauso lange dauernden Zeitraum *b/nicht a,* das heißt: Eigen- und Fremdposition wechseln nun;

– dann den Zeitraum *beides,* das heißt den Zeitraum eines kreativ Verbindenden,

– und schließlich den Zeitraum *keines von beiden.*

Ich bin gespannt, welche Erfahrungen Sie beide jeweils beim ›*Durchschreiten‹ dieser Zeiträume* machen.«

In der Arbeit mit Partnern ist dies nur der erste Schritt der Konstruktion von Lösungen sozialer bzw. partnerschaftlicher Konflikte. Die Partner konstruieren ja zunächst nur ihre je individuellen Lösungsmöglichkeiten ihres sozialen Konfliktes, die sich im Allgemeinen voneinander unterscheiden. Sie zeigen damit an, dass sie für ihre *sozialen* Wertedifferenzen keine *gemeinsame* Lösung gefunden haben.

Sozialer Konflikt zweiter Ordnung in der Zeit

Beide Partner gehen beim Durchschreiten der Zeiträume von ihren *individuellen* Beobachtungen der Unterschiede des *eigenen Wertes* und des *Wertes des Partners* aus und finden zunächst nur *individuell* unterschiedliche Lösungskombinationen für ihren *sozialen* Wertgegensatz *a/b,* den sie wiederum wechselseitig beobachten können. Sehr wichtig ist dabei, zu berücksichtigen, dass es sich nicht um psychische, sondern um die sozialen Wertunterschiede *a/b* der Partner handelt.

Fassen wir den bisherigen Prozess zusammen:

- Die beiden Partner sind sich der beiden Seiten *a/b* des sozialen Konfliktes K_S bewusst.
- Die Struktur der vier Zeiträume – *a/nicht b, b/nicht a, beides und keines von beiden* – ermöglicht den Partnern, *sich »in Bewegung« zu setzen,* mental unterschiedliche Standpunkte einzunehmen und Konfliktlösungskombinationen in den vier Zeiträumen zu erkunden. Die Wahrscheinlichkeit, fixierte partnerschaftliche Kommunikations- und Interaktionsmuster aufzulösen, könnte steigen.
- Vorerst kommt es jedoch nur zu *individuell unterschiedlichen* Lösungskombinationsmöglichkeiten des sozialen Konflikts *a/b.*
- Es kann sich zeigen, dass sich diese individuell unterschiedlichen Lösungskombinationen des sozialen Konfliktes mehr oder weniger decken.
- Die hier entstandene *mögliche Differenz* zwischen den Partnern bezüglich ihrer Lösungskombinationen unterscheidet sich von der früheren *Differenz a/b* darin, dass die Partner einzeln nun schon *Lösungskombinationen* für sich entwickelt haben. Die Lösungskombination *wfwf* etwa enthält ja bereits eine erweiterte Lösungsmöglichkeit gegenüber dem einfachen Entscheid *a* oder *b.* Wir sprechen deshalb von einem *sozialen Konflikt zweiter Ordnung* bezüglich der *unterschiedlichen* Lösungskombinationen der Partner, *falls sich ihre Lösungskombinationen nicht decken.*
- Um begrifflich klare Verhältnisse zu schaffen, bezeichnen wir die Lösungskombination der einen Person mit dem Großbuchstaben *A.* Sie ist die Lösungskombination der für diese Person entstandenen vier Werte, die wir mit dem Kürzel *xxxx* für die Wahrheitswerte *w* und *f der Lösungskombinationen* bezeichnen. Analog steht für die andere Person das Kürzel *yyyy* für deren Lösungskombination *B.*
- Auch dieser Prozess schließt wieder mit einer Zusammenfassung und der Klärung eines *möglichen* weiteren Auftrags:

»Was könnte jetzt für *Sie beide* ein nächster Schritt sein, und was hieße das dann für *unsere* Zusammenarbeit?«

Soziale *Wertgegensätze* können *nur sozial gelöst* werden, nur in Kommunikation, die aber zu jedem Zeitpunkt eine »doppelte Kontingenz« eröffnet, ein beidseitiges »Auch-anders-Können«: »Es geht […] um eine Grundbedingung der Möglichkeit sozialen Handelns schlechthin. […] Wir halten fest, dass das Problem der doppelten Kontingenz zu den Bedingungen der Möglichkeit von Handlungen gehört und dass daher die Elemente von Handlungssystemen, nämlich Handlungen, nur in diesen Systemen und nur durch die Lösung des Problems der doppelten Kontingenz konstituiert werden können. […] Die Grundsituation der doppelten Kontingenz ist dann einfach: Zwei black boxes bekommen es, aufgrund welcher Zufälle immer, miteinander zu tun. Jede bestimmt ihr eigenes Verhalten durch komplexe selbstreferentielle Operationen innerhalb ihrer Grenzen. Das, was von ihr sichtbar wird, ist deshalb notwendig Reduktion. Jede unterstellt das gleiche der anderen. Deshalb bleiben die black boxes bei aller Bemühung und bei allem Zeitaufwand füreinander undurchsichtig. […] Sie bleiben getrennt, sie verschmelzen nicht, sie verstehen einander nicht besser als zuvor; sie konzentrieren sich auf das, was sie am anderen als System-in-einer-Umwelt, als Input und Output beobachten können, und lernen jeweils selbstreferentiell in ihrer je eigenen Beobachterperspektive. Das, was sie beobachten, können sie durch eigenes Handeln zu beeinflussen versuchen, und am feedback können sie wiederum lernen. Auf diese Weise kann eine emergente Ordnung zustande kommen, die bedingt ist durch die Komplexität der sie ermöglichenden Systeme, die aber nicht davon abhängt, dass diese Komplexität auch berechnet, auch kontrolliert werden kann. Wir nennen diese emergente Ordnung soziales System. […] In dieser Einheit hängt die Bestimmung jedes Elements von der eines anderen ab, und gerade darin besteht die Einheit. Man kann diesen Grundtatbestand auch als eine sich selbst konditionierende Unbestimmtheit [Beliebigkeit] charakterisieren: Ich lasse mich von Dir nicht bestimmen, wenn du Dich nicht von mir bestimmen lässt. Das soziale System gründet sich mithin auf Instabilität. Es realisiert sich zwangsläufig als autopoietisches System. Es arbeitet mit einer zirkulär geschlossenen Grundstruktur, die von Moment zu Moment zerfällt, wenn dem nicht entgegengewirkt wird« (Luhmann, 1985, S. 149–157, 167).

Münch (2012, S. 19 ff.) hebt nach der Darstellung der Grundstruktur »doppelter Kontingenz« stärker die Konflikthaftigkeit der Wahlen der Partner hervor: »Doppelte Kontingenz heißt, dass Egos Wahl einer Handlung von Alters Wahl abhängt und umgekehrt Alters Wahl von Egos Wahl. Infolgedessen können beide nur in dem Maße die Erfolgschancen ihres Handelns berechnen, in dem sie die Wahl des anderen kennen. Da diese Kenntnis an die Grenzen der jeweils eigenen Psyche von Ego und Alter stößt, beide als Personen füreinander eine Black Box darstellen, besteht stets die Möglichkeit, dass Ego und Alter falsche Erwartungen übereinander hegen, sich gegenseitig im Weg stehen, in Konflikt geraten, sich nicht verständigen können. [...] ›Doppelte Kontingenz‹ steht jetzt für ›Weltkomplexität‹ und die Antwort auf das Problem der doppelten Kontingenz ist dieselbe wie die Antwort auf das Problem der Weltkomplexität, nämlich Systembildung [...]. Doppelte Kontingenz [wird] von Ego und Alter als ›unbestimmbar, instabil, unerträglich‹ erfahren. Deshalb greifen sie nach jedem Strohhalm der Anschlussmöglichkeit, woraus ein Kommunikationsprozess entsteht, der ein soziales System konstituiert. *Das muss nicht heißen, dass beide zum Konsens gelangen. Es genügt, dass sie in Streit geraten und auf diese Weise ihre Handlungen und Erwartungen aufeinander beziehen* [Hervorhebung von den Verfassern]. Was im nächsten Moment passiert, wird schon dadurch eher wechselseitig erwartbar als im Zustand der vollkommenen Beliebigkeit.«

Wir nehmen diese Aussagen, die wir in einen Kontext der Beschreibung der Gestaltung von Konfliktlösungsprozessen bei sozialen Konflikten stellen, zum Anlass, noch einmal zu betonen, dass es aus einer system- und differenztheoretischen Sicht in der Lösung psychischer und sozialer Konflikte durch Kommunikation grundsätzlich nicht um eine durch Diskurs intersubjektiv mögliche Herstellung von Konsens gehen kann. Konfliktlösung führt nicht unbedingt zum Konsens. Vielmehr wirft Kommunikation – das haben wir bereits zu Beginn betont – immer auch Unbestimmtheit auf, die Möglichkeit des Neins. Dies erfordert den Umgang mit den aus dieser Unbestimmtheit jederzeit reproduzierbaren möglichen Differenzen, die anschließender, wiederum mögliche Differenzen reproduzierender Kommunikation bedürfen. Aus diesem Grund unterscheidet sich unser Ansatz von jeder Form einer Konsensustheorie (Habermas, 1984).

Lösung zweiter Ordnung in der Zeit

Im Rahmen ihres bisherigen sozialen Konfliktlösungsprozesses kann sich zeigen, dass sich die beiden Lösungskombinationen *A* und *B* der beiden Partner ganz oder teilweise decken. Die Partner gelangen erneut an den Punkt einer möglichen Differenz, die genauer bestimmt werden kann als *Differenz bestimmter Lösungskombinationen A/B*. Wir haben sie benannt als *sozialer Konflikt zweiter Ordnung*. Man kann sich vorstellen, die 4er-Gruppen gedanklich oder auf einem Papier »übereinanderzulegen« und zu schauen, ob sich an gewissen Stellen die Buchstaben *w, f* decken. Dann wären bereits Übereinstimmungen sichtbar – nicht nur beim *w,* also bei dem, was man will, sondern auch beim *f,* also bei dem, was man nicht will – als Basis für die Schritte einer »nächste Runde«:

- Wiederum erscheint uns wichtig, zunächst die *Unterschiede in den Lösungskombinationen A/B* sehr deutlich zu markieren. Dies ist die Voraussetzung für den weiteren Suchprozess der beiden Partner nach einer *gemeinsam geteilten Lösungskombination zweiter Ordnung,* die sich wiederum nur in einem Möglichkeitenzeitraum in Bezug auf die *differenten Lösungskombinationen* finden lässt, der ja prinzipiell auch die Möglichkeit der *gemeinsam geteilten Nicht-Lösung* enthält.

- Sind die Partner jedoch entschieden, die *Differenz der Lösungskombinationen A/B,* die sich aus ihrer individuellen Bearbeitung des sozialen Konfliktes *a/b* ergeben haben, in ihre weitere Kommunikation wieder einzuführen mit dem erklärten Ziel des Suchens und Findens einer *gemeinsam geteilten Lösungskombination* des sozialen Konfliktes, die wir nun als *Lösung zweiter Ordnung* bezeichnen, dann ist es unumgänglich, dass einer der beiden oder beide Partner in *Gegensatz* gehen muss bzw. müssen zu seinen bzw. ihren *bisherigen je individuellen* Lösungskombinationen *A* bzw. *B* des *sozialen* Konfliktes *a/b.*

Mayer (2007, S. 172 f.) bezeichnet diese Form eines Re-entry (Spencer-Brown, 1969/1997; Luhmann, 2004), einer Wiedereinführung der Ergebnisse der individuellen Lösungskombinationen des sozialen Konfliktes in die weitere partnerschaftliche Konfliktlösung als »distributives und integratives Verhandeln«. Ziel dieser doppelten Vorgehensweise ist die Lösung des sozialen Konfliktes durch die Partner und zugleich die Lösung des psychischen Konfliktes der einzelnen Partner. »Distributives Verhandeln« zielt in diesem Prozess auf die Durchsetzung des Eigenen, »integratives Verhandeln« auf die angemessene Berücksichtigung der Werte und Bedürfnisse aller Partner, was bei Wertgegensätzen die Einschränkung des Eigenen voraussetzt. Integration ist also nur dort möglich, wo auf die Gegensätzlichkeit der *sozialen* Wertunterschiede *bewusst* verzichtet wird und stattdessen die Konstruktion *einer* verbindenden *Lösungskombination* angestrebt wird – welche der 16 Lösungsmöglichkeiten auch immer.

– Wir befinden uns hier auf einer *Lösungsebene zweiter Ordnung,* auf der Ebene eines *reflektierten* Umgangs mit unterschiedlichen Lösungskombinationen *A/B.* Auch dieser Prozess schließt wieder mit einer Zusammenfassung und der Klärung eines *möglichen* weiteren Auftrags:

> »Was könnte jetzt für *Sie beide* ein nächster Schritt sein, und was hieße das dann für *unsere* Zusammenarbeit?«

– Wenn überhaupt keine Übereinstimmung sichtbar ist, wird der Berater bzw. Therapeut eine neue Auftragsklärung durchführen.

Diese unterschiedlichen individuell gefundenen Lösungsmöglichkeiten *A/B* eines sozialen Konfliktes können aber auch mehr oder weniger lange Zeit nebeneinanderbestehen bleiben, bis innere oder äußere Einflüsse oder Ereignisse eine Veränderung bewirken. Sie können möglicherweise aber auch zu einer Eskalation des Konfliktes führen. In gewerkschaftlichen Streiksituationen passiert dies oder wenn Regierungskoalitionen zu zerbrechen drohen, aber auch in Partnerschaften. Hier ein Beispiel:

- Lösungskombination A des Ehemanns: »Ich möchte mich nicht von meiner Ehefrau trennen. Wir haben schon lange keine intime Partnerschaft mehr. Ich sehe die Beziehung zu meiner Ehefrau inzwischen als sehr gute Freundschaft. Ich möchte aber die Beziehung zu meiner Freundin, mit der mich eine intime Beziehung verbindet, aufrechterhalten, aber nicht in Form einer ausschließlichen Beziehung. Am liebsten würde ich die freundschaftliche Beziehung zu meiner Ehefrau *und* die intime Beziehung zu meiner Freundin so weiterführen.«

  Bezeichnen wir »Beziehung zu meiner Freundin« als Variable *a,* »Beziehung zu meiner Ehefrau« als Variable *b,* dann können wir für seine *individuelle* Lösungskombination des *sozialen* Konfliktes schreiben: *wfwf.* Wir wollen diese Symbolisierung erläutern: Das erste *w* bedeutet: Die Beziehung zur Freundin steht im Vordergrund. Das erste *f* bedeutet: Die intime Beziehung zur Ehefrau wird verneint, damit aber die intime Beziehung als Partnerschaft aufgelöst. Das zweite *w* an der dritten Stelle ermöglicht ein beides, allerdings nur im Hinblick auf die Form einer *Beziehung,* zugleich aber auch im Hinblick auf die Unterschiedlichkeit der *Qualität* der Beziehung: hier *Intimität,* dort *keine Intimität.* Wir können das Gemeinsame und zugleich Unterschiedliche in diesem Ausdruck in folgender Aussage zusammenfassen: Für diesen Klienten gibt es den Wert der intimen Beziehung zu seiner Freundin nur in der Verbindung zu dem alternativen Wert der freundschaftlichen Beziehung zu seiner Ehefrau, mit der ihn keine intime Beziehung mehr verbindet. Oder: Eine intime Beziehung zu seiner Freundin allein kommt für ihn nicht infrage, sonst müssten wir seine Lösung symbolisieren mit *wfff.* Das *f* an der vierten Position bedeutet, dass er auf jeden Fall eine Beziehung aufrechterhalten will. Er lehnt das »beides nicht« ab.
- Lösungskombination B der Ehefrau: »Ich möchte ganz klar und eindeutig, dass wir beide wieder zu unserer früheren, intimen Partnerschaft zurückfinden.« Also: *fwff.* Das heißt, sie hat keinen psychischen Konflikt. Sie hat sich im Hinblick auf die sozialen Wertgegensätze psychisch eindeutig positioniert.

Derzeit zeigen beide Partner keine Tendenzen zu einer Änderung ihrer individuell unterschiedlichen aktuellen Lösungskombinationen

A/B ihres *sozialen* Konfliktes. Der soziale Konflikt *a/b* bleibt somit *vorerst unaufgelöst* bestehen. Der nächste Schritt, die Arbeit mit dem Paar an der Konstruktion einer gemeinsamen Lösung dieses sozialen Konfliktes, wird unten beschrieben.

Anders ist es im Fall des weiter oben beschriebenen Paares:

- Ehefrau: »Ich möchte weniger Verantwortung für unsere Existenzsicherung tragen.«
- Ehemann: »Ich möchte meine Projekte nicht aufgeben. Ich kann mehr Verantwortung übernehmen, wenn wir unsere ursprünglichen Vorstellungen über unser Hausprojekt neu überdenken und deutliche Abstriche machen. Dann kriege ich das für mich wieder unter einen Hut.«

Beide finden unabhängig voneinander jeweils zu derselben Lösungskombination *wwwf* in Bezug auf ihre *sozialen* Wertgegensätze *a/b*. *wwwf* bedeutet in der Logik »oder«. Sie haben die sozialen Wertgegensätze *a/b* für sich psychisch jeweils in diese Lösungskombination aufgelöst. Sie haben sich in ihren *individuellen* Lösungskombinationen genügend Spielraum gelassen, sodass sie zu *einer* gemeinsam geteilten Lösungskombination 2. Ordnung gefunden haben. Die Lösungskombinationen A und B der beiden Partner decken sich. Sie müssen sich jedoch noch darüber verständigen, wie sie diese strukturelle Lösungskombination A = B materiell ausfüllen wollen.

Die konkrete materiale Ausfüllung dieser prinzipiellen Lösungskombination überlässt der Berater bzw. Therapeut den beiden Partnern. Sie gehört nicht mehr zur Methodik des KLM. Der Berater bzw. Therapeut verbleibt strikt in einer neutralen Position gegenüber jeder materiellen Ausgestaltung einer strukturellen Lösungskombination.

Konstruktion von Lösungen im Raum

Vier-Felder-Arbeit als Struktur-Aufstellung

Eine alternative Form der Konfliktlösung lässt sich mit einer *Strukturaufstellung mit dem/den Klienten selbst im Raum* – also ohne Repräsentanten – gestalten. Auch dieser liegt die Logik der vier Fälle bzw. der 16 Lösungsmöglichkeiten zugrunde. Bei diesem Ansatz wird der *konkrete* Raum der Beratung, Mediation bzw. Therapie als Lösungsmöglichkeitenraum benutzt und die vier Fälle werden nicht nach und nach in der Zeit entfaltet bzw. in die Zeit »gelegt«, sondern gleichsam im aktuellen Beratungs-, Mediations- bzw. Therapieraum komprimiert. Die vier Fälle werden als *vier Flächen symbolisiert*, welche Quadranten darstellen, die leicht durch senkrecht zueinander gelegte flexible Bänder gebildet werden können (siehe Abbildung 5).

a/nicht-b *ausschließlich a wird* *gewählt* **w**fff	*a AND b* *beide werden* *gewählt* ff**w**f	*ffff* *Außenraum:* *nichts wird* *gewählt* *[unmarked space]*
*fff***w** *beide werden nicht* *gewählt* *a NOR b*	*f***w**ff *ausschließlich b wird* *gewählt* *nicht a/b*	

Abbildung 5: Der Vier-Felder-Raum

Die Besonderheiten der vier Felder

Diese hier vorgeschlagene Nutzung des Raumes der an die Logik angelehnten vier Fälle und ihrer 16 Lösungsmöglichkeiten hat selbst keinerlei logische Begründung. Zur Repräsentation der Kombinationen der vier Fälle könnten genauso gut kreisrunde oder wolkenförmige Symbole in den Raum gelegt oder gestellt werden. Man könnte auch Stühle, Schuhe oder andere Gegenstände dafür benutzen. Ähnliche Verfahren kennen wir aus der Methodik der Gestalttherapie und aus verschiedenen Formen der Arbeit mit Aufstellungen. Die von uns hier vorgestellte Gestaltung des Vier-Felder-Raumes in der Form aneinander angrenzender Rechtecke rechtfertigt sich allein aus den damit verbundenen Optionen für die *Prozessgestaltung* und den *dadurch* für die Klienten möglichen *Erfahrungen*. Diese fassen wir kurz zusammen:

– Es gibt keine Zwischenräume. Die Räume grenzen aneinander, bilden somit Grenzen zueinander, die vom Klienten überschritten bzw. gekreuzt werden können (Spencer-Brown, 1969/1997). Dieses Überschreiten und Kreuzen lässt sich z. B. mit Stühlen nicht durchführen.

- Zu jedem Zeitpunkt sind immer alle vier Fälle *und* der sie umgebende Außenraum *zugleich* sichtbar.
- Der Klient bewegt sich immer nur in *einem* von vier Fällen und *grenzt* sich *zugleich* von allen anderen Fällen ab, kann aber diese Grenzen *überschreiten.*
- Der Klient hat durch das Markieren eines Falles immer alle übrigen, nicht markierten Fälle jenseits der Grenze gegenüberstehen und ist sich damit *der Unterscheidung bewusst, die er trifft* (Spencer-Brown, 1969/1997). Hier wird erneut deutlich, dass in der *Praxis* der Konfliktlösung immer die *Theorie der Unterscheidung* durchscheint. Diese Erfahrung ermöglicht die Arbeit im Rahmen des oben beschriebenen Zeit-Experiments nicht in dieser Deutlichkeit.
- Der Klient hat *durch* dieses »Durchschreiten« von Lösungsräumen die Möglichkeit, Lösungsalternativen für sich zu *kombinieren* – wie im realen Leben auch. Erst *dadurch* erschafft er die prinzipiellen 16 Lösungskombinationen.
- Er hat »darüber hinaus« die Möglichkeit, diese vier Felder zu *verlassen* und sich in den Außenraum zu stellen. Dieses Sich-in-den-Außenraum-Stellen erscheint aber wieder als *eine* der prinzipiellen 16 Lösungskombinationen: *ffff.*

Die Position im Außenraum als die Position der vierfachen Verneinung

Welche Bedeutung können wir dieser Kombination *ffff* nach »Durchschreiten« und nach »Überschreiten« aller vier Felder zusprechen, wenn ein Klient also alle vier Fälle – *a/nicht b, b/nicht a, beides und beides nicht* – negiert?

Stellt sich der Klient in den *Außenraum,* bedeutet dies *zunächst,* dass er die Entscheidung getroffen hat, keine Entscheidungen *in Bezug auf die gegebenen Alternativen* zu treffen. Er sieht keine der vier Fälle mehr als wählbar.

Ein Weiterprozessieren ist jedoch nur auf der Basis des Treffens von Unterscheidungen und Entscheidungen möglich. Der Klient kann *nicht* sinnfrei operieren, weil er immer im Horizont von Sinn (Luhmann, 1985) bzw. in *Differenz* (Spencer-Brown, 1969/1997) zu anderen Sinn- und Wahl-Möglichkeiten steht. Er muss also *anders weiter-*

machen – irgendwie. Luhmann (2004, S. 230 f.) beschreibt dies mit Verweis auf Spencer-Brown und Husserl: »Wenn man es in der Terminologie von Spencer-Brown ausdrücken will, würde man sagen, dass man immer auf der Innenseite eine Art von Form hat, mit der man arbeiten kann. Etwas Bestimmtes ist gesehen worden […]. Sinn in bestimmten Konfigurationen, in bestimmten Gestalten, in bestimmten Formen ist nur die Innenseite des Mediums, es gibt immer noch die Außenseite der anderen Möglichkeiten […], das Undsoweiter des Raumes […]. Diese Überlegung lässt sich – wie Sie sehen, springe ich bewusst hin und her zwischen völlig verschiedenen Theorieressourcen […] – über die phänomenologischen Analysen Husserls etwas deutlicher beschreiben. […] Bewusstsein ist […] auf etwas Bestimmtes gerichtet. Man identifiziert Gegenstände, Menschen, Symbole oder was auch immer, aber immer in einem Horizont, wie Husserl sagt, der Verweisung auf andere Möglichkeiten. […] Man landet nie in einem unmarked space im Sinne Spencer-Browns, in einer völlig undefinierten Situation, aus dem man nie wieder herauskäme. Man arbeitet immer mit naheliegenden anderen Möglichkeiten.«

Das heißt: Der Klient stellt sich *im Realisieren* dieser Lösungsmöglichkeit *ffff* nicht nur außerhalb des Raumes der vier Fälle, er stellt sich zugleich auch außerhalb des Raumes der *bisherigen* 16 Lösungskombinationen überhaupt, denn er muss, will er weiteroperieren, eine *neue* Unterscheidung treffen. Er muss gleichsam »von vorne beginnen«, eine *fundamental* neue Unterscheidung und Entscheidung treffen. Beobachtungstheoretisch sprechen wir an dieser Stelle von einem Vollzug auf der Ebene der Beobachtung dritter Ordnung. Dieser Vorgang entspricht dem zweiten Aspekt bzw. der zweiten Verneinung der »5. Position der doppelten Verneinung« (Sparrer u. Varga von Kibéd, 2010, S. 174 f.), die ebenfalls einen Neubeginn, eine »neue 1. Position« impliziert.

In der Lösungskombination *ffff* sehen wir somit eine Ähnlichkeit zur sogenannten »5. Position« des Tetralemmas als der Position der »doppelten Negation«:

– der Negation der vier Positionen *das eine, das andere, beides und keines von beiden;* in unserer Terminologie: der vier Fälle;
– und zugleich der Negation dieser Negation, die zur neuen 1. Position führt.

Wir sehen aber auch die Unterschiede[10]:

- In der von uns entfalteten Lösungslogik steht *ffff* nicht als weiterer 5. Fall *neben* den ersten vier Fällen, die sich rein logisch aus der Kombinatorik der beiden Alternativen *a/b* ergeben. *Es bedarf überhaupt keines Zusatzfalles.* Die Lösungskombination *ffff* tritt erst auf, wenn man die Alternativen *a/b* nach allen $2^4 = 16$ zweistelligen Verknüpfungen betrachtet und es so mit dem vollständigen Set von 16 Lösungsmöglichkeiten zu tun hat. Das heißt, es muss die Beobachtung zweiter Ordnung benutzt werden. Diese Feststellung weist nochmals darauf hin, wie wichtig es ist, konsequent von der *Beobachtungsebene zweiter Ordnung* aus zu arbeiten, weil sonst unvollständige Verhältnisse auftreten.

- Alles Weitere ergibt sich wiederum aus der rein logischen Kombinatorik der vier Fälle. *Wir verlassen das System der klassischen Logik niemals. ffff* zeigt sich dann in dieser – zugegeben – sehr nüchternen logischen Kombinatorik zwangsläufig als *eine* Lösungskombination von insgesamt 16 Lösungskombinationen.

- Trotz der Nüchternheit der Kombinatorik ist die Konsequenz dieser Lösungsmöglichkeit für den Klienten äußerst bedeutsam: Er muss/darf/kann *neu beginnen.*

Arbeit mit Einzelnen im Raum

»Ich möchte Ihnen nun eine Möglichkeit anbieten, im Hinblick auf die Lösung Ihres Konfliktes neue Erfahrungen zu machen: nämlich hier im *Raum,* der auch die Erfahrung einer *Gleichzeitigkeit* von Lösungsmöglichkeiten eröffnet. Dazu ist es nur erforderlich, *so zu tun, als könnten Sie* die vier grundsätzlich möglichen Lösungsmöglichkeiten in Bezug auf ihren spezifischen (Werte-)Konflikt gleichsam aus ihrem Bewusstsein *heraus-* und hier in den Raum *hinein*legen. Wir nennen diesen Vorgang ›externalisieren‹. Ich schlage Ihnen dabei eine bestimmte Vorgehensweise vor: Wir markieren den Raum mit diesem Teppich – bzw. mit vier Bändern, die den Raum begrenzen – und den Innenraum des Teppichs mit zwei Bändern, die im rechten Winkel zueinander gelegt werden und dadurch vier gleich große Felder erzeugen (siehe Abbildung 5, S. 107).

---

10 Siehe dazu auch Anhang II.

Die vier Felder werden bezeichnet mit *a/nicht b* bzw. *b/nicht a* in der einen Diagonalen, und *beides* als Vereinigung der Werte *a/b* bzw. *beides nicht* als Ausschluss der Vereinigung in der anderen Diagonalen.

Wichtig ist nun, dass Sie sich vorstellen:

– Das Feld für den Wert bzw. die Lösungsmöglichkeit *a/nicht b* hier im Raum ›enthält‹ alle die Bedeutungen, die Sie diesem Wert beigelegt haben. Wir geben diesem Feld deshalb einen *Namen,* eine Art Überschrift, die alle diese Bedeutungsgebungen *zusammenfasst, auf sie hinweist und sie repräsentiert* (z. B. ›Leben in der Stadt‹).

– Dasselbe gilt für den Wert von Feld *b/nicht a.*

– Dann gibt es noch den Raum für die Möglichkeit einer Vereinigung von a und b – wir nennen ihn *beides.*

– Ebenso gibt es den Raum für die Möglichkeit des Ausschlusses einer Vereinigung – wir nennen ihn *keines von beiden* bzw. *beides nicht.*

– Und schließlich – wie Sie sehen – hat der *gesamte* Vier-Felder-Raum ebenfalls eine Innen-/Außengrenze, also einen gesamten Innen- und einen Außenraum. Sie können also auch aus den vier Feldern heraustreten und den Raum der bisherigen Lösungsmöglichkeiten verlassen (dies entspricht der Lösungskombination *ffff*).

– Ich möchte Sie nun einladen, *so zu tun, als ob* Sie alles, was Sie bisher in Ihren Gedanken und Gefühlen bewegt haben, im Hinblick auf ihre spezifischen Wertunterschiede gleichsam hier ›in den Raum legen‹.

– Dann möchte ich Sie einladen, sich selbst in diesem Ihrem eigenen *gesamten* Raum der Lösungsmöglichkeiten zu bewegen. Erkunden Sie diesen Raum. Gehen Sie *durch* die vier Felder oder auch *aus* dem Vier-Felder-Raum in den Außenraum.

– Achten Sie bitte auf Ihre unterschiedlichen Resonanzen bzw. Reaktionen: Körperzustände, Gefühle, Gedanken, Ideen und Erfahrungen. Lassen Sie sich davon inspirieren. Nehmen Sie sich die Zeit, die Sie dazu benötigen.

– Bleiben Sie schließlich an dem Ort stehen, an welchem sich die für Sie relativ wohltuendste Gefühlsresonanz zeigt, an dem Sie das relativ beste Gefühl haben.

– Dann möchte ich Sie bitten, Ihre Wahrnehmungen, Gefühle, Ideen und Erfahrungen zu beschreiben, die Sie gemacht haben, *während* Sie durch Ihre Lösungsräume gegangen sind, und schließlich die Wahrnehmungen, Gefühle, Ideen und Erfahrungen, die sich Ihnen *an dem Ort* zeigen, an dem Sie gerade stehen.«

Der Berater bzw. Therapeut achtet immer auf Mimik, Gestik, Bewegung und Blickrichtung. Wenn der Klient seine Erfahrungen beschreibt, die er gemacht hat, während er durch die Räume geschritten ist, dann seine Wahrnehmungen, Gedanken, Gefühle an dem Ort, an dem er zur Ruhe gekommen ist, achtet der Berater bzw. Therapeut besonders darauf, welche Unterscheidungen und Bezüge bzw. Kombinationen der Klient zwischen den Erfahrungen herstellt, die er in den *vier* Feldern oder auch *im Außenraum* gemacht hat.

Wie auch bei der Durchführung des Zeit-Experiments wird aus der differenzierten Beschreibung des Klienten im Dialog mit ihm zu rekonstruieren versucht, welche der 16 Lösungskombinationen er realisiert hat (siehe Tabelle 3, S. 18).

Der Klient sagt z. B.: »Für mich ist deutlich geworden, dass ich meine Leitungsfunktion in dieser Firma einnehme möchte. Dafür bin ich bereit zu kämpfen. Aus dem Feld gehen, also die Firma verlassen [*fff*], woran ich auch dachte, als ich mich so schlapp, antriebslos und verängstigt fühlte und mich infrage gestellt erlebte, ist keine Option mehr. Ich möchte das aber auf eine Weise machen, die mein Sicherheitsbedürfnis *auch* berücksichtigt. Aber nicht mehr ausschließlich.«

Wir symbolisieren diese Lösungskombination mit *wfwf.* Ausgeschlossen werden in dieser Form *nur b allein,* seine bisherige Sicherheitsoption, und *beides nicht,* symbolisiert durch *f* an der 4. Stelle.

Für den Berater bzw. Therapeuten ist es nun sehr einfach, auf der Basis des Vier-Felder-Raumes und nach der Beschreibung der Unterscheidungen, die der Klient getroffen hat bzw. der Kombinationen, die er beim Durchschreiten der Räume hergestellt hat, die Lösungskombination des Klienten zu bezeichnen und den 16 Lösungskombinationsmöglichkeiten zuzuordnen. Er muss dazu lediglich diejenigen

Felder auswählen, die für den Klienten zutreffen. Die Wahrheitswerte dieser Felder setzt er dann an die entsprechende Stelle der Bezeichnung der Lösungskombination. Im Fall unseres Klienten wurden die Felder 2 und 4 bzw. die Fälle 2 und 4 nicht realisiert, sie werden mit *f* bezeichnet. Die Felder 1 und 3 wurden realisiert, sie werden mit *w* bezeichnet. Daraus resultiert die Bezeichnung *wfwf* für die von ihm gewählte Lösungskombination. Wir hatten ihr die Bedeutung zugeschrieben: Es kommt *a* allein infrage oder auch *beides* in irgendeiner Form.

Die Konkretisierung dieses *wfwf* erfolgt wieder anschließend. Sie erfolgt in der Regel sehr einfach, wenn die Struktur der Lösung einmal erfahrbar festgelegt worden ist und der Klient überhaupt weiß, in welchem Lösungsraum er suchen muss *und* welcher Raum oder welches Feld für seine Lösung *nicht* mehr in Betracht kommt. Vom Klienten wird also auch das Nicht-Gewählte aktiv ausgeschlossen.

Arbeit mit Partnern im Raum

In derselben Form wie einzelne Klienten werden auch die beiden Partner in die Konfliktlösungsarbeit im Raum eingeführt. Wiederum ist es sehr wichtig, zu berücksichtigen, dass es sich nicht um psychische, sondern um die sozialen Wertunterschiede *a/b* der Partner handelt. Die Variablen *a* und *b*, welche die unterschiedlichen bzw. gegensätzlichen Werte repräsentieren, sind also auf die beiden Partner verteilt. Die einzelnen Partner selbst werden in ihren psychischen Systemen als konfliktfrei beobachtet.

Die Anleitung dazu entspricht der Anleitung für einzelne Klienten, wie sie gerade beschrieben wurde, mit dem Unterschied, dass beide Partner gebeten werden, einzeln, nacheinander und schweigend alle Lösungsräume zu durchschreiten und an dem Ort stehen zu bleiben, an dem sich für sie jeweils eine relativ wohltuende Gefühlsresonanz zeigt. Der Berater bzw. Therapeut achtet dabei jeweils auf Mimik, Gestik, Bewegung und Blickrichtung beider Partner.

Erst danach werden sie gebeten, ihre Wahrnehmungen, Gefühle, Ideen und Erfahrungen zu beschreiben, die sie gemacht haben, während sie einzeln durch die Lösungsräume gegangen sind; schließlich die Wahrnehmungen, Gefühle, Ideen und Erfahrungen, die sich ihnen jeweils an dem Ort gezeigt haben, an dem sie zur Ruhe gekommen sind. Der Berater bzw. Therapeut achtet besonders darauf, welche Differenzierungen und Bezüge bzw. Kombinationen die Partner zu den Erfahrungen herstellen, die sie in den vier Feldern oder auch im Außenraum gemacht haben.

Sozialer Konflikt zweiter Ordnung im Raum

Wie in der Arbeit mit einzelnen Klienten erscheint auch in der Arbeit mit den Partnern im Raum die Differenzierung der sozialen Wertunterschiede, ihre Entfaltung in einem Vier-Felder-Raum und die Möglichkeit der Erfahrung einer Kombination im Prozess des Durchschreitens aller Räume durch beide Partner als die Voraussetzung für den Vollzug einer Ent-Differenzierung bzw. einer Ent-Scheidung.

In der Lösungsarbeit mit Partnern im Raum zeigt sich wie auch in der Arbeit in der Zeit häufig, dass die beiden Partner nach »Durchschreiten« aller Lösungsräume nacheinander oft an unterschiedlichen Orten zur Ruhe kommen. Sie zeigen damit auch hier an, dass sie für ihre *sozialen* Wertedifferenzen keine *gemeinsame* Lösung gefunden haben. Im Rahmen ihres bisherigen sozialen Konfliktlösungsprozesses im Raum gelangen sie erneut an den Punkt einer Differenz, die ebenfalls wieder bestimmt werden muss als *Differenz bestimmter Lösungskombinationen* bzw. *als sozialer Konflikt zweiter Ordnung.*

Lösung zweiter Ordnung im Raum

Auch im Rahmen der Arbeit im Raum erscheint es uns deshalb sehr wichtig, zunächst die *Unterschiede in den Lösungskombinationen* der beiden Partner aus deren Beschreibung ihrer Erfahrungen deutlich zu markieren. Die präzise Unterscheidung ist auch hier wieder die Voraussetzung für den weiteren Suchprozess der beiden Partner nach *einer* gemeinsamen Lösungskombination zweiter Ordnung ihres sozialen Wertegegensatzes. Es geht jetzt wiederum – wie oben schon ausführlich entfaltet – nicht mehr um die Beschreibung der sozialen Wertunterschiede *a/b*, sondern um die Beschreibung der Unterschiede der Lösungskombinationen *A/B* der beiden Partner. Wir unterschieden hier also wieder zwischen einer Konfliktebene erster und zweiter Ordnung und einer Lösungsebene erster und zweiter

Ordnung. Zur Markierung der Konflikt- und Lösungsebene zweiter Ordnung verwenden wir wieder die Großbuchstaben *A* und *B*.

In der klassischen Lösungsarbeit kommt diese Zweistufigkeit nicht zum Ausdruck. Wir halten jedoch gerade die Unterscheidung der Konflikt- und Lösungsebenen erster und zweiter Ordnung in der Lösungskonstruktion bei Konflikten in *sozialen* Systemen für eminent wichtig und oft für entscheidend. Diese Differenzierung soll Berater bzw. Therapeuten darauf aufmerksam machen, dass sich im Verlauf des *Lösungs*konstruktionsprozesses die *Konflikt*beschreibung verändert hat.

Zur Funktion von Widersprüchen und Konflikten

Nach Luhmann (1985, S. 502 ff.) haben Widersprüche bzw. Konflikte eine alarmierende, aber auch entwicklungs- und potenzialentfaltende Funktion. Sie verweisen auf die Notwendigkeit von Systemveränderungen im Blick auf eine angemessenere Selbst- und Umweltanpassung. Sie stellen damit immer die aktuellen Strukturen und Prozesse infrage und erzeugen Unsicherheit, die zunächst meist reflexartig als unangenehm und ängstigend erlebt wird: »Komplexe Systeme benötigen ein recht hohes Maß an Instabilität, um laufend auf sich selbst und auf ihre Umwelt reagieren zu können […]. Widersprüche sind in diesem Zusammenhang zu sehen als Spezialeinrichtungen der Unsicherheitsamplifikation; sie verunsichern sozusagen gezielt – sei es in einer darauf abzielenden Analyse, sei es in widersprechender Kommunikation […]. Widersprüche werden deshalb oft als Promotoren der Systembewegung angesehen oder gar als Antriebsstruktur einer dialektischen Entwicklung.«

Wir müssen zwei funktionelle Aspekte unterscheiden: Einerseits bilden Konflikte die Bedingung dafür, dass Entwicklung und Potenzialentfaltung psychischer und sozialer Systeme möglich werden. Ohne Konflikt – das heißt: ohne Unterschiedlichkeit – wird nichts anders. Andererseits werden Differenzen, Dilemmata und Konflikte durch Beratung, Mediation und Therapie in ihren Reproduktionsaussichten eingeschränkt.

Beratung, Mediation und Therapie haben aber ihre Grenzen, wenn Konflikte *destruktiv-gewalttätig* eskalieren. Sie erfordern dann das Ende von Beratung, Mediation und Therapie und gegebenenfalls den Einsatz sozialer Kontrolle. Gewalt zeigt an, dass Beratung, Mediation und Therapie Konflikte nicht mehr mit ihren eigenen Bordmitteln lösen können.

Grundhaltungen in der Konfliktlösungsarbeit

Wir haben uns bisher sowohl mit selbst- als auch mit fremdreferenziellen Aspekten der Gestaltung beraterischer bzw. therapeutischer Konfliktlösungskommunikation befasst. Wir wollen nun eine Selbstreferenzebene dieser Kommunikation ansprechen, die in der systemischen Arbeit üblicherweise mit den Begriffen »Grundhaltungen« bzw. »Grundeinstellungen« bezeichnet werden. Die aus unserer Sicht in der Arbeit mit psychischen und sozialen Konflikten wichtigen Grundeinstellungen eines Beraters bzw. Therapeuten stellen wir im Folgenden zusammenfassend dar.

Wenn Menschen professionelle Hilfe in Anspruch nehmen, um psychische und/oder soziale Konflikte zu lösen, zeigen sie damit an, dass sie in ihren eigenen Bemühungen an Grenzen gestoßen sind, die mit mehr oder weniger stark ausgeprägten Enttäuschungen, Frustrationen, Versagensgefühlen, Wut und Ängsten verbunden sind. Die Entscheidung, den Schritt in die Beratung, Mediation und Therapie zu riskieren und zu vollziehen, dürfte durchaus ambivalent motiviert sein: einerseits durch die Hoffnung auf gute Lösungen, andererseits durch die Befürchtung, vielleicht ein Minenfeld voller Überraschungen und eskalierender Prozesse zu betreten. Diese Ambivalenz der Klienten erfordert aufseiten der Berater und Therapeuten eine *professionelle Rahmung* der Gestaltung von Konfliktlösungsprozessen, welche die Menschen, die sich in Konflikten befinden, ermutigt, eine professionell geführte Konfliktlösungskommunikation zu riskieren.

Die aus unserer Sicht wichtigen Elemente einer professionellen Gestaltung von Konfliktlösungsprozessen mit einzelnen Klienten und mit Partnern wollen wir in der folgenden Übersicht zusammenmenfassen. Dabei gehen wir davon aus, dass die Menschen immer schon eine Entscheidung getroffen hatten, wenn sie professionelle Unterstützung aufsuchen und wenn sie Leidensdruck und/oder den Bedarf an Konfliktklärung und Entscheidungshilfe kommunizieren.

In der knappen Zusammenfassung von Grundhaltungen, Verhaltens- und Vorgehensweisen, die Berater, Therapeuten und Mediatoren in diese Prozesse einbringen sollten, beziehen wir uns auf die inzwischen unübersehbare Literatur zur systemisch-lösungsorientierten Praxis (Schlippe u. Schweitzer, 2012; Retzer, 2004; de Shazer, 2004).

– Die Klienten befinden sich in Konfliktsituationen, deren Komplexität sie nicht mehr allein angemessen auf eine befriedigende Entscheidung reduzieren können. Beratung, Mediation und Therapie stellen nun selbst komplexe soziale Systeme und Prozesse dar, in denen die nicht bewältigte Konfliktkomplexität thematisiert wird. Die Steuerung dieser Prozesse setzt deshalb notwendig die Verfügung über ein Konfliktlösungskonzept voraus, das die Berater und Therapeuten in die Lage versetzt, die Kommunikation mit den Klienten so zu strukturieren, dass diese Probleme beschreiben, Lösungsmöglichkeiten formulieren und Wege zu ihrer Realisierung finden können. Die *Transparenz eines Konzeptes,* das »Durchscheinen« einer Struktur in der Gestaltung der Themenabfolge der Kommunikation, schafft Sicherheit und Vertrauen in die Steuerungskompetenz des Beraters und Therapeuten als notwendige Voraussetzung, dass sich Klienten überhaupt entscheiden, sich für diesen Kommunikationsprozess zu öffnen.

– In diesem Prozess werden die Klienten zu jedem Zeitpunkt als Kooperationspartner betrachtet und behandelt. Die Ergebnisse jedes einzelnen Themenbereichs werden zusammengefasst. Die Klienten werden eingeladen, sich metakommunikativ reflektierend darauf zu beziehen, und werden explizit gefragt, ob sie die geschilderten Sichtweisen teilen. Sie werden also eingeladen, eigene Positionen zu beziehen, sich in ihren Sichtweisen voneinander zu unterscheiden. Immer wieder erfolgt eine *Auftragsklärung,* also die Klärung und Vereinbarung des nächsten Schrittes. In jeder Phase des beraterischen bzw. therapeutischen Kommunikationsprozesses wird den Klienten somit eine Entscheidung und Mitverantwortung *zugemutet.* Konfliktlösung ist nicht nur ein Entscheidungs*findungs*prozess, sondern ein *Prozess permanenter Entscheidungen.* Systemtheoretisch betrachtet sprechen wir auch hier von einem »Re-entry« (Luhmann, 2004; Spencer-Brown, 1969/1997): von der permanenten (Wieder-)Einführung

einer Entscheidung in die Konfliktlösungs- bzw. Entscheidungs-
findungskommunikation.

– Genau dadurch wird professionelle Konfliktlösung für die Klienten zum Modell aktuell konkret erlebbarer Konfliktlösungskommunikation. Es besteht die Hoffnung, dass durch diese neuen
eigenen emotionalen Erfahrungen nicht nur die Lösung eines
inhaltlichen Konfliktes ermöglicht wird, sondern auch die Übernahme der Form der Konfliktlösungskommunikation in den Alltag der Klienten. Unabhängig von der konkreten Konfliktlösung
ereignet sich auf der Beziehungs- oder Mitteilungsebene der
Kommunikation permanent *soziales Lernen am Modell.* Daraus
ergeben sich die hohen Qualitätsanforderungen an Berater und
Therapeuten.

– Neben der konzeptgeleiteten Steuerung des Konfliktlösungsprozesses bedarf es ganz spezifischer Grundhaltungen aufseiten des
Beraters und Therapeuten, durch welche die Kommunikationsweise auf der Mitteilungs- oder Beziehungsebene (Luhmann,
2004; Schulz von Thun, 1981) weiter geformt wird. Die Einhaltung einer Neutralität gegenüber den Personen (wir sprechen
von *sozialer Neutralität*) und gegenüber den von ihnen gelebten
und vermittelten Werten *(Wertneutralität)* erscheint uns als die
wesentlichste Moderationskompetenz eines gelingenden Konfliktlösungsprozesses. Neutralität erfordert die konsequente Einnahme einer Metakommunikationsposition im Blick auf die mit-
geteilten Wertunterschiede und unterschiedlichen Inhalte der
Klienten, erfordert also die konsequente Einnahme der *Ebene der
Beobachtung zweiter Ordnung* (Luhmann, 2004), der unterscheidenden Beobachtung der von den Klienten getroffenen Unterscheidungen.

– Je präziser die von den Klienten getroffenen Unterscheidungen
gleichsam herausdifferenziert werden, desto erfolgreicher kann
ein Ent-Scheidungs-Prozess erfolgen. Der Berater und Therapeut
bietet auch dafür selbst eine lebende Vorlage und ein Modell, insbesondere für angstfreie Ambiguitäts- und Spannungstoleranz.
In unserer postmodernen Gesellschaft ist die Betonung der Individualität der Personen, damit aber auch der Differenz zwischen
den Personen und innerhalb der Personen erwünscht und erwar-

tet. Weniger selbstverständlich erscheint uns dagegen der *Umgang mit Differenz*. Der Prozess selbst ermöglicht den Klienten gerade die Erfahrung des Umgangs mit Differenzen als einer der aus unserer Sicht wichtigsten kommunikativen Kompetenzen in unserer postmodernen Gesellschaft.

– Das von uns vorgestellte KLM eröffnet dafür eine zuversichtliche Option. Es bildet – wie beschrieben – alle prinzipiellen Lösungsmöglichkeiten für psychische und soziale Konflikte auf der Basis trennscharfer Alternativen bzw. Gegensätze *a/b* ab. Insofern ist es vollständig. Das heißt, begeben sich Personen auf den Weg einer ernsthaften Konfliktlösung, gelangen sie immer zu einer der 16 prinzipiellen Lösungsmöglichkeiten, die sie mit ihren konkreten Inhalten im Hinblick auf ihre spezifischen Konfliktthemen füllen müssen. Möglich ist auch die Lösung einer Nicht-Lösung bzw. der Aufrechterhaltung des Konfliktes *wwff* als Lösung. Ein reflektierter Konfliktlösungsprozess resultiert demnach immer in einer Lösungsmöglichkeit. Die *Entscheidung für Nicht-Veränderung* ist also eine der 16 Lösungsmöglichkeiten.

– Dieser Prozess nimmt Zeit in Anspruch, die ihrerseits differenziert und strukturiert wird in *Zeit für Zuhören, Zeit für Nachdenken und Zeit für Reden*. Wie schnell oder langsam dieser Prozess vonstattengeht, ergibt sich u. a. aus den Betroffenheiten, aus dem inneren Druck und den kognitiven Verarbeitungsmöglichkeiten der Klienten.

– Unserer Erfahrung nach lernen Konfliktpartner am meisten vom Berater bzw. Therapeuten, wenn es diesem gelingt, den Partnern so viel Zeit, Empathie und Verständnis zur Verfügung zu stellen, dass deren Werte und Lösungsmöglichkeiten für den redenden Partner selbst, indirekt aber auch für den zuhörenden Partner präzise deutlich werden.

– Wir finden es sinnvoll, Klienten zu fragen, ob sie bereit sind, auf eine *konflikteskalierende Sprache* zu verzichten, zumindest zu fragen, ob sie denken, dass die von ihnen verwendete Sprache eher zur Lösung oder eher zur Verstärkung der Differenzen beiträgt. Auch im Hinblick auf die Verwendung ihrer Sprache und der Folgen dieser Sprache werden die Klienten zur partnerschaftlichen Mitverantwortung einbezogen.

Anhang I: Die Laws of Form als Grundlage für Unterscheidungstheorie und Logik[11]

Niklas Luhmann hat das Buch »Laws of Form« (LoF) (Spencer-Brown, 1969/1997) oft zitiert und einzelne Elemente daraus direkt verwendet. So basiert sein Begriff der Beobachtung auf den ersten Kapiteln der LoF. Auch das KLM basiert letztlich auf diesem Begriff.

»Laws of Form« ist für alle diejenigen schwierig zu lesen, die nicht gewohnt sind, sich mit rein abstrakten Zusammenhängen zu befassen. Doch soll für alle Interessierten hier in vereinfachter Form der Zusammenhang zwischen den LoF, den logischen Grundlagen und dem KLM in drei Abschnitten aufgezeigt werden.

1. Im ersten Abschnitt, »Unterscheidungstheorie«, werden die Leserinnen und Leser in die elementaren Begriffe der Laws of Form eingeführt und können sehen, wo die Wurzeln der Luhmann'schen Begrifflichkeit der Beobachtung als Unterscheidung und Bezeichnung liegen.

2. Im zweiten Abschnitt, »Logik«, zeigen wir, wie der Formalismus der Laws of Form auf die Logik angewandt werden kann und wie daraus die 16 Lösungskombinationen dargestellt werden können. Wir beginnen den Weg mit zwei Beispielen in kleinen Schritten, überlassen dann aber die vollständige Nachprüfung den Spezialisten.

3. Im dritten Abschnitt, »Formale Herleitung der Kombinationsfälle aus den LoF«, zeigen wir, dass aus den im ersten Abschnitt benutzten Grundgleichungen durch einen rein formalen Vorgang – durch eine Rechnung also – die 16 Lösungsmöglichkeiten dargestellt werden. Dies auch, um klar zu machen, dass sich der logische Anteil des KLM lediglich aus den Strukturen ergibt und

---

11 Wesentliche Gedanken zu dieser Darstellung finden sich bei Holm von Egidy, 2007.

an sich keinerlei weiterer Begründung mehr bedarf, auch wenn
dies oft aus didaktischen Gründen notwendig scheint.

Unterscheidungstheorie

Verfolgen Sie die Darstellungen auf den Bildern zusammen mit dem
Begleittext. Wir verwenden den Raum eines leeren Blattes Papier als
Vorstellungshilfe und Startpunkt. In den folgenden Bildern umfasst
der gepunktete Rahmen dieses Blatt (Bild 1). Dies ist unser Experi-
mentierfeld. Alle anderen Rahmenlinien und Texte stellen nur
Legenden dar.

Wir beginnen mit dem Begriff der Unterscheidung. Bevor wir
etwas unterscheiden, haben wir ein leeres Blatt vor uns (Bild 1). Es
ist der Zustand vor der Schöpfung unserer »Welt«. Ohne Unterscheidung gibt es »nichts«. Wir können auch sagen: Der Raum ist leer.

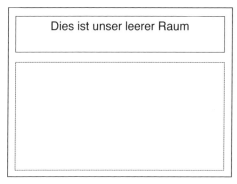

Bild 1

Wenn wir eine Unterscheidung treffen, schneiden wir einen Teil aus
dem Raum heraus. Auf den herausgeschnittenen Teil können wir
hinweisen, wir können ihn bezeichnen, markieren etc. Wir benutzen dazu ein *Zeichen*. Im Alltag ist das oft ein Wort (z. B. »Baum«).
Wir können auch den umgebenden Raum markieren (Nicht-Baum).

Der *innere, bezeichnete Raum* im Bild 2 heißt »markiert«, der
äußere, nicht bezeichnete Raum heißt »unmarkiert«. Das Herausschneiden erzeugt eine *Grenze*, welche den markierten vom unmarkierten Raum eindeutig abtrennt. Wir erkennen hier bildhaft, was in

unserem Text betont wird: Das Herausschneiden, Herausgreifen von »Etwas« erzeugt immer eine andere Seite, auch wenn wir im Alltag nicht so denken. »Baum« erzeugt immer »Nicht-Baum«, »Rest der Welt«. Immer werden zwei Seiten zugleich erzeugt. Immer haben wir ein Innen und ein Außen.

Auf der Basis dieser Ideen hat Luhmann die zentralen Begriffe seiner Systemtheorie, insbesondere die Begriffe »System« und »Beobachtung«, reformuliert. Beobachtung heißt: *Unterscheidung und Bezeichnung* der einen und nicht der anderen Seite. Beobachtung in der Systemtheorie meint also nicht einfach ein »Sehen«, sondern einen abstrakten Zusammenhang von Unterscheiden und Bezeichnen.

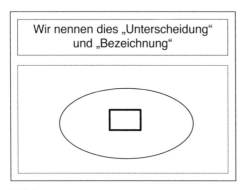

Bild 2

In den geschlossenen Innenraum (Bild 2) haben wir ein Zeichen *eingefügt.* Dieses Zeichen bedeutet: »Markierung«. Der Innenraum ist damit bezeichnet, es wird auf ihn *hingewiesen,* und nicht auf den Außenraum. Natürlich kann auch auf den Außenraum hingewiesen werden (Bild 3). Die Grenze bleibt nach wie vor »dicht«. In der Alltagssprache könnte der Außenraum dann heißen: »Umwelt des Baumes«.

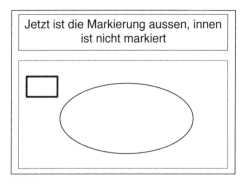

> Jetzt ist die Markierung aussen, innen
> ist nicht markiert

Bild 3

George Spencer-Brown (GSB) steigert die Abstraktion noch wesentlich, indem er keine anschauliche Hilfe (geschlossene Linie im Raum), also keine konkrete Unterscheidung mehr benutzt, sondern lediglich *ein einziges* Zeichen verwendet. Luhmann hat auch diese Idee von GSB übernommen, indem er festgelegt hat, dass ein System lediglich durch *eine* Operation bestimmt ist. Das Zeichen »Rechteck«, *welches ja auch einen Innenraum und einen Außenraum hat* – wie die *ovale Linie* – wird in *doppelter Bedeutung* gesehen: einmal als *Zeichen* und einmal als *Grenze, je nach Betrachtung.* Diese Betrachtungsweise ist deshalb möglich, weil sich ja auch das *Zeichen selbst* einer *Unterscheidung* verdankt.

Im Folgenden tun wir so, als ob das Zeichen der Vollzug, die *Operation der Unterscheidung* »ist«, auf die auch *hingewiesen* werden kann. Bild 4 zeigt dies. Es entspricht dem Bild 2, nur ist jetzt die ovale Linie durch das äußere Rechteck ersetzt. Das innere Rechteck markiert dann den Innenraum des äußeren Rechtecks, so wie im Bild 2 der Innenraum des Ovals markiert wurde. Folglich wird der Innenraum des inneren Rechtecks zum unmarkierten Raum. Der Außenraum des äußeren Rechtecks bleibt unmarkiert. Wir können dieses Bild 2 nun auf zwei Arten lesen:

– Die erste Lesart: Wir blicken auf das äußere Rechteck, das mit einem Zeichen markiert ist. Das innere Rechteck markiert *als Zeichen* den Innenraum des äußeren Rechtecks, das im Bild 4 die *Grenze* darstellt. Der Innenraum des äußeren Rechtecks wird dadurch zum *markierten* Raum. Der Außenraum ist *unmarkiert.*

Wir haben jetzt eine *Referenz* auf den Innenraum im Wissen um die gesamte Unterscheidung. Dies nennen wir *Beobachtung erster Ordnung:* Unterscheidung und Bezeichnung *einer* Seite. Die *andere* Seite wird mitgeführt, aber nicht bezeichnet.

– Die zweite Lesart: Wir blicken auf eine Ebene »tiefer«: Das äußere Rechteck kann man auf zwei Arten sehen: als *Markierung* oder als *Unterscheidung.* Die *Markierung* markiert zuerst den leeren Raum. Als *Unterscheidung* gesehen, beobachten wir zwei Seiten. Der leere Raum wird zu einem markierten Raum, der Innenraum des äußeren Rechtecks zum unmarkierten Raum bzw. der leere Raum wird jetzt unterschieden wie in Bild 1. Wenn wir nun diesen Innenraum wiederum durch das innere Rechteck markieren, wird der vorher unmarkierte Innenraum des äußeren Rechtecks zum markierten Raum, der Außenraum des äußeren Rechteck zum unmarkierten Raum, ebenso wie der Innenraum des inneren Rechtecks. *Was vorher markiert war, ist nun unmarkiert, und umgekehrt.* Man könnte auch sagen: Die *Perspektiven* haben sich *verändert.* Wenn man mit einer Markierung auf eine Unterscheidung hinweist, wird eine *neue Ebene* der Unterscheidung eingeführt, die *Unterscheidung einer Unterscheidung,* die nun auch einen neuen unmarkierten (Innen-)Raum eröffnet. Diesen Vorgang nennen wir *Beobachtung zweiter Ordnung.*

Die verschachtelten Rechtecke stellen im Endergebnis *keine Markierung* mehr dar. Sie heben sich auf, denn sie stehen – wie eben »errechnet« – in einem *unmarkierten* Raum, dem Außenraum des Ganzen. Sobald eine Markierung eine zweite Markierung enthält, heben sich ihre Wirkungen nach außen auf und wir können sie weglassen. Sie wird zu »kein Zeichen«. Diese Regel werden wir in der Logik wieder benutzen.

Eine andere Betrachtungsweise ergibt: Wenn wir vom Innenraum des inneren Rechtecks zum Außenraum des äußeren Rechtecks gelangen, *überschreiten* bzw. *kreuzen* wir zwei Grenzen. Eine *zweifache* Grenzüberschreitung (bei GSB: Cross) ist wie *keine* Grenzüberschreitung. Es eröffnet sich ein leerer Raum für *mögliche neue Markierungen.*

Nochmals eine andere Betrachtung: Wenn wir vom unmarkierten Außenraum aus die beiden verschachtelten *Markierungen* sehen, wel-

che sich unterscheiden, *unterscheiden wir Unterscheidungen: Beobachtung zweiter Ordnung.*

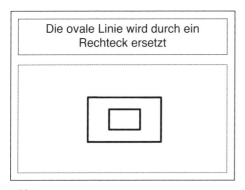

Die ovale Linie wird durch ein
Rechteck ersetzt

Bild 4

An dieser Stelle möchten wir darauf hinweisen, dass die beschriebenen Räume keine anderen Inhalte haben, sie stellen lediglich Unterscheidungen dar. Sie repräsentieren keine Gegenstände, sondern
sind ausschließlich als grafische Hilfsmittel für die Darstellung von
Operationen von Unterscheidungen zu sehen. Es gibt deshalb nur
zwei Arten von Räumen: markierte und unmarkierte. Die zweidi-
mensionalen Zeichnungen dienen lediglich der Illustration. Sie können nicht den *eigenen gedanklichen Vollzug* dieser Unterscheidungen ersetzen. Das Vollziehen dieser inhaltsleeren Unterscheidungen
nennt GSB »erste Unterscheidung«.

Im Bild 5 wird ein Raum zweimal markiert. Zwei Hinweise auf
denselben Raum unterscheiden sich nicht von einem Hinweis. Im
Alltag sagt man gerne etwas zweimal, um etwas zu betonen. Das
hat einen psychologischen Grund. In der formalen Sprache gibt es
keine psychologischen Momente: Man kann eine Markierung davon
weglassen.

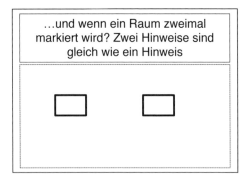

Bild 5

In den LoF entwickelt GSB einen Kalkül, eine Rechenvorschrift mit Schlussfolgerungen. Dieser Kalkül basiert auf den Regeln, welche wir soeben entwickelt haben. Bild 6 fasst diese beiden Regeln grafisch zusammen. Sie sind ähnlich den Axiomen der Mathematik *Grundregeln* zum Rechnen.

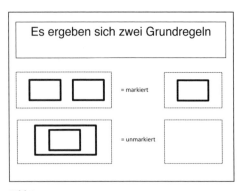

Bild 6

Wir können diese Regeln im Blick auf die Praxis von Beratung, Mediation und Therapie überhaupt und im Blick auf die Praxis der Konfliktlösung im Besonderen in folgender Form übersetzen:

- »Mehr desselben« erbringt keine Neuinformation, damit auch keine Veränderung.
- Die Markierung einer Unterscheidung bzw. die Beobachtung zweiter Ordnung stellt die Bedingung der Möglichkeit des Tref-

fens einer neuen Unterscheidung, eines Perspektivenwechsels, einer Veränderung und Neuentscheidung dar.

Eine Klientin beschreibt diesen *formalen Prozess* ohne Bezug auf einen bestimmten Inhalt z. B. in ihren Worten so: »Das Gespräch mit Ihnen hat bei mir ein *Umdenken* ermöglicht. [In der systemischen Therapie spricht man auch von Re-Framing, Neu-Rahmung, wir könnten auf dem Hintergrund der LoF auch sagen: Neu-Rechteckung. Oder weiter in den Worten der Klientin:] Ich kann die Dinge jetzt aus einer *neuen Perspektive* sehen.«

Logik

Im KLM sind die 16 Lösungsmöglichkeiten ein zentrales Element für die Theorie und die Methodik. In Tabelle 4 (S. 19) wird auch dargestellt, dass diese Folgen von vier Wahrheitswerten jeweils in der Aussagenlogik als Verknüpfungen der beiden Alternativen vorkommen. Wir zeigen hier an zwei Beispielen, wie mithilfe der Laws of Form einfache Strukturen aufgebaut werden können, welche diese Verknüpfungen darstellen.

Im ersten Teil haben wir den Begriff der Unterscheidung und seiner Implikationen eingeführt. Wir haben dazu das Zeichen »Rechteck« benützt, welches dort zwei Eigenschaften hat: Markierung und Unterscheidung. Für den Umgang mit Konflikten, in denen zwei Alternativen bzw. zwei Unterscheidungen auftreten, müssen wir nun eine entsprechende formale Darstellung wählen, denn die hochabstrakte Darstellung der ersten Unterscheidung reicht nicht mehr aus, weil die Unterscheidungen inhaltsleer sind und wir jetzt eine *Semantik* zur Darstellung von Sachverhalten benötigen.

Dazu betrachten wir zunächst wieder die Tabelle 2 (S. 15). Wir sehen die Wertalternativen *a/b*, die Wahrheitswerte *w* und *f* sowie deren Kombinatorik zu vier Fällen. Diese Größen müssen alle in einem Kalkül darstellbar sein. In den LoF wird eine solche Anforderung als Algebra mit variablen Größen entwickelt. Die Darstellung der Algebra benötigt mehrere Seiten und ist hier nicht möglich. Stattdessen bitten wir Sie, sich durch diese Anleitung führen zu lassen, welche das Ziel hat, zu zeigen, wie die 16 Lösungsmöglichkeiten als Ergebnis von Verknüpfungen von zwei Alternativen auftreten. Wir haben bereits in Tabelle 4 die Namen dieser Verknüpfungen aufgelistet. Es soll also gezeigt werden, wie bei zwei Alternativen (also bei zwei Unterscheidungen: *a/nicht b* und *b/nicht a*) eine *formale* Darstellung möglich wird, da die Darstellung mit *einzelnen* Unterscheidungen nicht mehr ausreicht.

In der Unterscheidungstheorie mit ihren zwei Grundregeln hat das Zeichen »Rechteck« zwei mögliche Bedeutungen, die man ihm wechselseitig zuschreiben kann: Markierung und Unterscheidung. Die einzige Beziehung, welche Rechtecke zueinander haben können, ist: *sich zu enthalten,* also ineinander verschachtelt zu sein. Denn wenn sie nebeneinander stehen, stellen sie keine Unterscheidung dar und »kondensieren«.

Diese Darstellung wird nun in den Grundregeln eingehalten, jedoch auf eine wesentlich konkretere Stufe gebracht, welche semantisch formuliert ist. Anstelle der bisherigen Darstellung werden nun die Zeichen neu definiert. Wir suchen nach *neuen Beschreibungen* der *zwei Eigenschaften* von Rechtecken. Die Darstellung dient jetzt nicht mehr zur Markierung von Räumen. »Rechteck« soll jetzt den festen Wert w = wahr bekommen, »kein Rechteck« den Wert f = falsch. Einen solchen Wert kann man mit Zahlen vergleichen. Man könnte in der Logik auch die Zahlen *1* und *0* für *wahr* und *falsch* benutzen. Im Übrigen gelten weiterhin die Grundregeln von Bild 6.

In der Tabelle 2 sehen wir, dass die beiden Alternativen a und b die Werte w und f annehmen können. Im KLM sind a und b ja konkrete Wertalternativen. w heißt dort: »trifft zu«, f heißt: »trifft nicht zu«. Wenn a und b jeweils zwei verschiedene Werte annehmen können, können wir auch sagen, dass sie *variable* Größen sind. Unter gewissen Umständen haben sie den Wert w, unter anderen f. Das ergibt also eine algebraische Darstellung.

Entsprechend der Definition kann jetzt a durch den Wert »Rechteck« für w = wahr oder »kein Rechteck« für f = falsch ersetzt werden, je nachdem, ob a zutrifft oder nicht zutrifft.

Um auf dem PC etwas einfacher arbeiten zu können, schreiben wir eine eckige »Klammer« [ ], statt ein »Rechteck« zu zeichnen. Wenn im Text eine *Lücke mit einem Punkt am Ende* ist wie hier: ., heißt dies: »kein Rechteck«, »keine Klammer«. Die Klammer kann mit einer zweiten, dritten etc. gefüllt werden: [[ ]].

> Wir wissen aus der Unterscheidungstheorie auch, dass [ ] [ ] = [ ].
> Wir wissen aus der Unterscheidungstheorie, dass [[ ]] =   . [unmarkierter Raum].
> Haben Sie die *Lücke mit dem Punkt* bemerkt?
>
> Dies sind die beiden Grundregeln der Unterscheidungstheorie.

Entsprechend diesen Grundregeln gilt nun die Festlegung:

> [ ]   = w [wahr]
> [[ ]]   =   . = »kein Rechteck« = f [falsch]

Wir experimentieren weiter und schauen, was herauskommt, wenn wir nun nicht eine Klammer, sondern die Variable *a* in eine äußere Klammer [ ] setzen: [a].

Es wird Sie vielleicht erstaunen, dass wir *a* als Variable, welche die Wahrheitswerte *w* und *f* darstellt, in eine äußere Klammer setzen. Stellt diese äußere Klammer auch Wahrheitswerte dar? Die Antwort ist vorerst: Nein! Sie dient zunächst dazu, einen Rechenvorgang anzustoßen. Folgen Sie bitte diesem Rechenvorgang bis zum Endergebnis.

Da *a* variabel ist, also entweder den Wert *w* = [ ] oder den Wert *f* =   . darstellt, hat [a] auch zwei mögliche Werte:
Erster Wert mit *a*   = [ ]   = *w*,   dann folgt: [[ ]]   =   . = *f*
Zweiter Wert mit *a*   =   . = *f*,   dann folgt: [ ]   = [ ] = *w*

Beachten Sie bitte: Der zweite Wert sieht wie eine Identität aus. *In* der äußeren Klammer steht aber nicht einfach nichts, sondern »kein a«, »keine Klammer«, eine Lücke. Erst dadurch wird der Ausdruck *w*.

Wir schauen uns das noch in den Darstellungen der Unterscheidungstheorie (Bild 7 und 8) an:

a ist im Zeichen enthalten und hat zwei mögliche Werte w und f
a

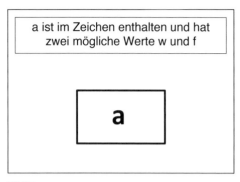

Bild 7

Das Ergebnis lautet wie oben (Bild 8).

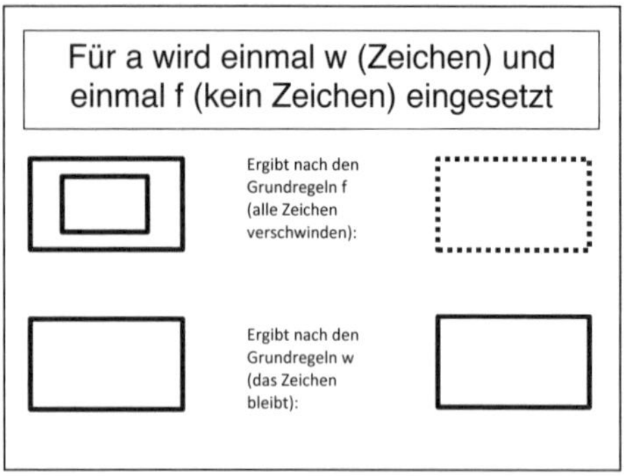

Für a wird einmal w (Zeichen) und einmal f (kein Zeichen) eingesetzt
Ergibt nach den Grundregeln f (alle Zeichen verschwinden):
Ergibt nach den Grundregeln w (das Zeichen bleibt):

Bild 8

Bitte erinnern Sie sich: Wir sind am Ausprobieren!

Wenn man die Variable *a* in eine Klammer bzw. in ein Rechteck setzt, kehrt sich der Wert von *a* um:

- War er vorher *w* = [ ], so ist er nachher . [Lücke].
- War er vorher *f* = . [Lücke], so ist er nachher [ ].

Dies haben wir rein rechnerisch nach den Grundregeln gezeigt.

Jetzt zurück zur Semantik!

Da Klammer bzw. Rechteck nun anschaulich »wahr« bedeuten und Lücke »falsch«, zeigt sich, dass die Frage unbeantwortet ist, was denn das *umgebende* Rechteck sein soll. Man kann ja »wahr« nicht mit »wahr« verschachteln.

Erinnern wir uns: Das Rechteck hat *immer* zwei mögliche Bedeutungen. In der Unterscheidungstheorie: Markierung und Unterscheidung. Und hier?

Der Mathematiker fragt nun: Was hat das äußere Rechteck *bewirkt?* Was war das für ein Prozess? Was für eine Operation?

Es war die *Operation der Umkehrung* der Werte; in der Logik: NOT [NICHT, Negation].

In der Darstellung der Lösungsmöglichkeiten ist das *fwfw* die Umkehrung der linken Spalte in Tabelle 2. Das äußere Rechteck *bewirkt* diese Operation, es ist demnach der *Operator* für die Umkehrung.

Wir müssen die Festlegung der Zeichen nun vervollständigen:

---

1. Wie oben gilt einerseits: »Rechteck« bzw. »Klammer« bedeutet »wahr«.
2. »Kein Rechteck« bzw. »keine Klammer« [Lücke] bedeutet »falsch«.
3. Zusätzlich gilt: »Rechteck« bzw. »Klammer«, welche eine andere Grösse *enthält,* wirkt als *Operator der Umkehrung.*

Der Punkt 3 ist sehr ungewöhnlich und eine Spezialität der LoF. Dieser Sachverhalt kommt daher, dass Verschachtelungen von Zeichen auch als *mehrfaches Kreuzen* gelesen werden können (vgl. unsere Ausführungen im vorhergehenden Abschnitt »Unterscheidungstheorie«, S. 121 ff.):

Jedes *Überschreiten einer Grenze* kehrt den Wert um.

In der üblichen Mathematik sind die Operatoren von den Werten getrennt: 1 + 1 = 2.

1, 2 stellen Werte dar, + ist der Operator, der gewissen Regeln folgt.

In der Logik kennen wir neben den Werten *w* und *f* die Operatoren ¬, ∧ etc.

Die Verschmelzung von Operator und Wert hat zur Folge, dass die Rechnung sehr verkürzt werden kann. Rechnerisch ist es ja einwandfrei und widerspruchslos, es ist nur gewöhnungsbedürftig.

Jetzt machen wir das Experiment für beide Größen *a* und *b*. Die beiden Ausdrücke *a, b* können jeweils unabhängig voneinander zwei Werte annehmen. Die beiden Größen *a, b* werden von keinem Operator umgeben. Sie werden also nicht verändert. Sie können jedoch auf vier Arten *kombiniert* werden, indem man *alle Möglichkeiten* von *w* und *f* verwendet. Wir erhalten als Ergebnis von *a* und *b* Bild 9.

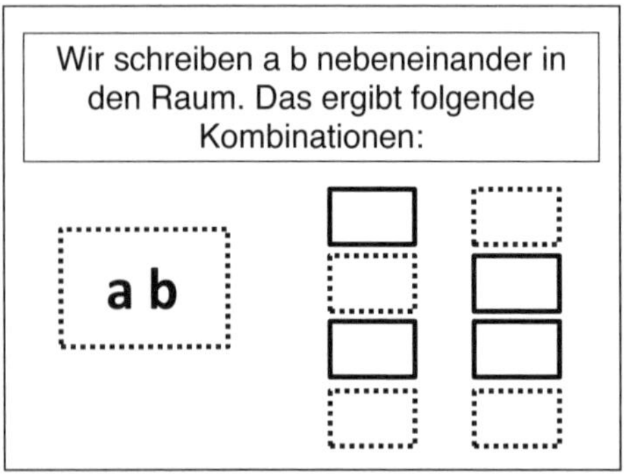

Bild 9

Die *a/b*-»Rechnung« in der Klammerschreibweise nebeneinander geschrieben ergibt:

1. [ ]   .   bzw.: *w f*
2. .   [ ]   bzw.: *f w*
3. [ ]   [ ]   bzw.: *w w*
4. .   .   bzw.: *f f*

Wir erhalten so genau den Inhalt der Tabelle 2 [S. 15].

Jetzt wissen wir nach den Grundregeln, dass zwei Rechtecke nebeneinander zu einem einzigen Rechteck verschmelzen. Wir haben im Bild 9 darauf verzichtet, den Rahmen und die Grenze zum Außenraum zu zeichnen, denn es geht jetzt nicht mehr um Räume, sondern um Wahrheitswerte.

Wenn wir nun jede Zeile wie in normalen Rechnungen für sich »ausrechnen«, dann ergibt sich hier:

1. w
2. w
3. w
4. f

Die Tabelle 2 mit den Spalten *a* und *b* führt direkt zu *einer* unserer Kombinationen der Tabelle 4, nämlich zur Kombination 12, wenn man die Regeln der LoF anwendet, das heißt, doppelte Zeichen zusammenzieht. Sie steht für den Ausdruck OR [ODER, Disjunktion].

Mit den Zeichen der LoF können sämtliche 16 Wahlmöglichkeiten bei zwei Variablen dargestellt werden. Sie sind in der Klammerschreibweise für speziell Interessierte in der nachfolgenden Tabelle 4b enthalten. *Durch Einsetzen aller vier Kombinationen aus Tabelle 2 und der Anwendung der Grundregeln enthält man sofort die entsprechende Kombinations- oder Wahlmöglichkeit.* Etwas schwieriger wäre es, alle Ausdrücke aus der Logik zu entwickeln. Wir bleiben bei den zwei Beispielen und halten uns an diese Tabelle.

Wir haben mit diesem Anhang I bisher gezeigt, dass die kombinatorischen Überlegungen des KLM direkt in der Logikschreibweise der LoF verankert werden können. Das heißt: *Die LoF können als die logische Basis des KLM betrachtet werden.*

Tabelle 4b enthält alle 16 Kombinations- bzw. Lösungsmöglichkeiten in der Schreibweise der LoF *und* in den Bezeichnungen der Logik, jedoch ohne weitere Beweise.

Tabelle 4b: Die 16 Kombinationsmöglichkeiten nach den LoF und ihren logischen Bezeichnungen

Kombinationsfälle		LoF Ausdruck mit Klammern	Moderne Bezeichnung
1	wfff	[[a] b]	NIMP, NOT-[a→b]
2	wffw	[b]	ID NOT-b [1-stellig]
3	wfwf	a	ID a [1-stellig]
4	wfww	[b] a	RIMP, b→a
5	fwff	[[b] a]	NRIMP, NOT-[b→a]
6	fwwf	b	ID b [1-stellig]
7	fwfw	[a]	ID NOT-a [1-stellig]
8	fwww	[a] b	IMP, a→b
9	wwww	[ ]	TRUE
10	ffww	[[[a] b] [[b] a]]	XNOR
11	ffwf	[[a] [b]]	AND
12	wwwf	ab	OR
13	ffff	. [leer]	FALSE
14	wwff	[[a] b] [[b] a]	XOR
15	wwfw	[a] [b]	NAND
16	fffw	[ab]	NOR

Formale Herleitung der Kombinationsfälle aus den LoF

Die Erklärungen zur Logik dienten dazu, möglichst in kleinen Schritten und mit Bezug zum Vorhergehenden zu zeigen, welcher Zusammenhang zwischen den 16 Lösungsmöglichkeiten und den Laws of Form besteht. Es wurde dort auch die Bedeutung der Zeichen diskutiert. Nun verzichten wir auf alle zusätzlichen Erklärungen.

In diesem Abschnitt soll in einer *rein formalen* Darstellungsweise *am Beispiel* des Ausdrucks *ffwf* gezeigt werden, wie sich in den LoF unter Verwendung der Variablen a und b sowie der Grundregeln Lösungsmöglichkeiten entwickeln und darstellen lassen. Dieses rein formale Vorgehen ermöglicht eine rasche, eindeutige Überprüfung der Beziehung zwischen dem Ausdruck in der Sprache der LoF und den Kombinationsfällen der 16 Lösungsmöglichkeiten. Der gedankliche Weg beginnt bei den LoF und endet bei den Lösungsmöglichkeiten. Grundsätzlich führt jeder Ausdruck mit den Variablen a und b zu einer der 16 Lösungsmöglichkeiten, wenn man die Zeichen als Wahrheitswerte der Logik interpretiert. Die Leserinnen und Leser sind eingeladen, die in der Tabelle 4b angegebenen Ausdrücke mit der gleichen Vorgehensweise zu überprüfen. Das Auffinden einiger Ausdrücke, wie sie in der Tabelle stehen, benötigt etwas Geschick und algebraische Kenntnisse.

Wiederum verwenden wir der leichteren Schreibweise auf dem PC wegen keine Rechtecke, sondern eckige Klammern [ ]. [ ] bedeutet: »Rechteck«. Eine Lücke mit einem Punkt am Ende der Lücke   . bedeutet: »kein Rechteck«.

Wir kennen von oben die Grundregeln des Kalküls. Sie lauten in der Klammerschreibweise:

I.	[ ] [ ]	= [ ]	
II.	[[ ]]	=	. [Lücke, »kein Rechteck«]

Klammern können beliebig miteinander kombiniert und verschachtelt werden.

Hier ein Beispiel einer mehrfachen Verschachtelung: [[[ ]] [[ ]]]
Jede solche Verschachtelung hat einen eindeutigen Wert. Hier ist der Wert: [ ], da sich die Doppelklammern im Innern aufheben [Grundregel II].

Vergleichen Sie einmal diese beiden Ausdrücke, welche wir *willkürlich* wählen:

[[[ ]] [[ ]]] und [[ ] [ ]]

Sie erkennen sicher, dass in den inneren Klammern des linken Ausdrucks je eine Klammer mehr enthalten ist als in den inneren Klammern des rechten Ausdrucks. Wir können jetzt Folgendes tun: Wir denken uns, dass anstelle der inneren Klammern links einmal der Buchstabe *a,* rechts einmal der Buchstabe *b* steht. Also: [[a] [b]]. Wir sagen jetzt: *a* und *b* sind Variablen, welche je zwei Werte unabhängig voneinander annehmen können, das heißt:

1.	[ ] [»Rechteck«]
2.	. [»kein Rechteck«]

[[a] [b]] ist ein Ausdruck, der vier möglichen ausgeschriebenen Ausdrücken entspricht:

1. [[[ ]] [ ]]
2. [[ ] [[ ]]]
3. [[[ ]] [[ ]]]
4. [[ ] [ ]]

Wir rechnen das aus:

1. [[[ ]] [ ]]   = .
2. [[ ] [[ ]]]   = .
3. [[[ ]] [[ ]]]   = [ ]
4. [[ ] [ ]]   = .

Wir können wie in einem Kinderspiel mit solchen Ausdrücken experimentieren und kommen immer zu einem Ergebnis.

Die in den Ausdruck [[a] [b]] eingesetzten Werte von *a* und *b* sind in diesem Fall in der folgenden Reihenfolge (Tabelle 2c) ersichtlich. Die Ergebnisse entsprechen der Grundregel: [ ] [ ] = [ ].

Tabelle 2c: Die vier Fälle in der Schreibweise der LoF

a	b	Ergebnis
[ ]	.	.
.	[ ]	.
[ ]	[ ]	[ ]
.	.	.

Jetzt mit einem kurzen Sprung zur Logik: Wir interpretieren nun das Zeichen [ ] als w = wahr und das Zeichen   . [Lücke] als f = falsch. Dann heißt diese Liste (Tabelle 2d):

Tabelle 2d: Die vier Fälle in der Schreibweise der Wahrheitswerte

a	b	Ergebnis
w	f	f
f	w	f
w	w	w
f	f	f

Das Ergebnis *ffwf* ist die Verknüpfung AND (UND, Konjunktion).

Wir haben jetzt die Darstellung der Verknüpfung AND hergeleitet und an dieser Verknüpfung gezeigt, wie die logischen Aussagen *überhaupt* aus dem Kalkül der LoF abgeleitet werden können.

Wie Sie sehen, regiert hier ausschließlich die *formale* Struktur der axiomatisch gesetzten Grundregeln, die alles Folgende bestimmt. Sie ist *sinn*los, solange man den Zeichen *keine semantische Bedeutung* zuweist. Weist man aber den Zeichen Sinn bzw. Bedeutung zu, bildet man eine Brücke zur Welt, in der die Sinnverweisungen und Bedeutungsgebungen – wie z. B. die *inhaltlich-konkreten* Werte und Bedeutungsgebungen der Klienten im Rahmen des KLM-Prozesses – nach diesen *formalen* Regeln verarbeitet oder auch »verrechnet« werden.

Anhang II: Unterschiede Tetralemma/KLM

Wir haben im Text verschiedentlich auf das Tetralemma in der Formulierung von Sparrer und Varga von Kibéd (2000, 2010) hingewiesen. Auf den ersten Blick könnte man denken, dass sich die Arbeit mit dem Tetralemma mit den ersten Schritten des KLM deckt. Oft wird auch die Tabelle 2 (S. 15) als identisch mit dem Tetralemma gesehen. Dass dies nicht zutrifft, zeigen wir mit den folgenden Überlegungen.

Zunächst: Was sagt das Tetralemma?

Das Tetralemma besteht aus vier Positionen. In einer modernen Form heißen sie:

1. Position: das Eine
2. Position: das Andere
3. Position: Beides
4. Position: Keines von Beiden

Für die professionelle Arbeit bedeutet das Schema, dass Klienten eine von diesen vier Möglichkeiten wählen können. Grundsätzlich schließen sich diese vier Positionen aber *gegenseitig* aus, denn wenn man z. B. die 3. Position wählt, kann man nicht *gleichzeitig* die 4. Position wählen. Das heißt: Die gewählte Position erhält den Wahrheitswert *w,* die drei übrigen den Wahrheitswert *f.* Es gibt *nur* vier Wahlmöglichkeiten.

In der Praxis können Klienten allerdings mehrere Positionen nacheinander betrachten und im Schema »wandern«. Dies ist jedoch im reinen Tetralemma formal nicht dargestellt. In der Symbolik des KLM, wie in Tabelle 4b gezeigt, erlaubt das Tetralemma nur die Lösungsmöglichkeiten *wfff, fwff, ffwf* und *fffw,* die sich in der Methodik des Tetralemmas allerdings gegenseitig ausschließen. Erst die Erweiterung auf die 16 Lösungsmöglichkeiten öffnet den Raum dazu auch formal.

Das Experiment in der Zeit und im Raum des KLM enthält diese vier Positionen in der Form von vier Zeit- und Orträumen. Diese gehen aus einer ersten Kombinatorik der beiden alternativen Werte *a/b* hervor. Aber bereits im Prozess werden diese vier Wahlmöglichkeiten erweitert.

Wieso kann man nun im KLM widerspruchslos alle vier Positionen wählen – und zwar in beiden Wahrheitswerten?

Als Ausgangspunkt zur Beantwortung dieser Frage verweisen wir wieder auf Tabelle 2 (S. 15). Diese Tabelle stellt mehr dar als die Liste des Tetralemmas. In der Aussagenlogik enthält sie die Möglichkeit, dass zwischen *a* und *b verschiedene* Verknüpfungen bestehen. Ohne auf den Aussagenkalkül an dieser Stelle einzugehen, benötigt man für *sämtliche* Verknüpfungen die drei Verknüpfungsoperatoren NOT [Symbol ¬], AND [Symbol ∧] und OR [Symbol v]. Es können damit die in der Tabelle 4b (S. 15) dargestellten Verknüpfungen hergestellt werden. Die Darstellungen der LoF benötigen nur ein einziges Zeichen, je nach Darstellungsart ein Rechteck, ein Haken oder eine Klammer (Klammern siehe Tabelle 4b). Dieses eine Zeichen entspricht bereits der Verknüpfung NOR.

Das KLM mit seinen 16 Lösungsmöglichkeiten eröffnet gegenüber den vier Fällen von Tabelle 2 noch weitere 12 Wahlmöglichkeiten, von denen je nach Thema vielleicht aus praktischen Gründen nicht alle infrage kommen, von denen aber einige durchaus einen Sinn ergeben. Sinn ergibt bei einer Wahl zwischen zwei Alternativen etwa: *wfwf,* denn das heißt: Auf jeden Fall muss *a* dabei sein, alles andere ist egal. In der Logik bedeutet dies *ID a,* bei GSB einfach *a* (siehe Tabelle 4b, S. 134). Sinn macht bei einem Partnerkonflikt etwa die Antwort *wwwf* des einen Partners. In der Logik heißt diese Wahlmöglichkeit OR [inklusiv]: sowohl a als auch b als auch a *und* b sind möglich. Gerade bei Partnern kann einer der Partner, wenn er selbst keinen psychischen Konflikt hat, eine sehr offene Lösung angeben.

Wie verhält es sich mit der Lösungskombination *xxww?* Im Tetralemma wäre dies ein Widerspruch! Im Schema der 16 Lösungsmöglichkeiten des KLM ist das möglich! Die Lösungsmöglichkeit *xxww* impliziert im KLM nämlich vier Lösungsmöglichkeiten: *wfww, fwww* [Implikationen, in zwei Richtungen], *wwww* [TRUE] und *ffww* [XNOR]. *ffww* z. B. heißt in Bezug auf die Wertalternativen *a/b:* mit beiden zusammen oder mit gar keinem, jedoch nicht mit einem Einzelnen von *a/b*.

Im Tetralemma werden lediglich die Paare a/b mit ihren möglichen Werten w/f, f/w, w/w, f/f betrachtet. Es können so genau vier Zustände eintreffen. Sie werden jeweils einzeln betrachtet und man wandert von einem Zustand zum andern. Sie werden jedoch nicht miteinander verknüpft. Man könnte auch sagen: Sie werden je einzeln als wahr betrachtet.

Das 16er-Modell, mit welchem wir im KLM arbeiten, benutzt jedoch alle möglichen Kombinationen, wie sie in der sogenannten Boole'schen Logik dargestellt werden. Darin werden die einzelnen Paare auf einer nächsten Ebene betrachtet, indem man ihnen einen weiteren Wahrheitswert zuweist. So kann etwa w/f zutreffen, das heißt wahr sein oder falsch. Betrachtet man *alle vier* Paare mit ihren jeweils möglichen Wertungen *zusammen,* so erhält man rein kombinatorisch 16 Möglichkeiten. In der Logik der LoF sind dies die Ergebnisse aller Ausdrücke, in denen 0, 1 oder 2 Variablen vorkommen. In der herkömmlichen Logik werden sie mit den Operatoren ¬ (nicht), ∧ (und), ∨ (oder) gebildet. Tabelle 4b (S. 134) enthält die gebräuchlichsten Bezeichnungen für diese 16 Möglichkeiten.

Die sogenannte 5. Position des Tetralemmas entsteht nicht in der Kombinatorik der vier Fälle. Sie wird dort künstlich eingeführt. Sie ergibt sich jedoch von selbst im 16er-Schema als ffff (bei uns der 13. Kombinationsfall).

Bei 16 Kombinationsmöglichkeiten ist die doppelte Verneinung Teil der 16 Verknüpfungen und damit Teil des Kalküls. Es ist somit auch keine Metaposition.

Mit diesen knappen Hinweisen sollte deutlich werden: Das KLM überschreitet die Möglichkeiten einer Arbeit mit dem Tetralemma aus logischen Gründen ganz wesentlich und bringt deshalb für Beratung, Mediation und Therapie eine Vielzahl zusätzlicher Wahlmöglichkeiten.

Anhang III: Symbolische Annäherung an den Begriff des Re-entry und der Autopoiese

Literarisches Beispiel

Zu Beginn das literarische Beispiel (Schwanitz, 1990, S. 59) eines *Prozesses,* der *sich selbst* herstellt. Der folgende Satz *produziert sich selbst* aus der Logik seiner Struktur:
»E ist dEr ErstE, sEchstE, achtE, zwölftE, viErzEhntE … Buchstabe im Satz.«
Zur Erklärung kann diese Zuordnung dienen:

E ist	dEr	ErstE,	sEchstE,	achtE,	zwölftE	viErzEhntE …
1	6	8 12	14 19	24	31	34 37 41 …

Bedingung ist, dass die Nummern die Wortbildung nicht »überholen«. Das nächste Wort wäre nEunzEhntE, danach viErundzwanzigstE etc.

Zum Begriff Re-entry

In der *Systemtheorie* kommen Operationen nicht als selbstidentische Singularitäten vor, sondern als Ereignisse *im Zusammenhang eines zirkulären Selbstherstellungsprozesses,* der als *Autopoiese* bezeichnet wird. Der Begriff beschreibt die Weise der Verknüpfung von Elementen bzw. Ereignissen, die durch diese Verknüpfung selbst (altgriechisch: autos) erst zu Ereignissen werden, durch die sich diese Verknüpfung selbst erst vollzieht (altgriechisch: poiein). Autopoiese meint aber nicht nur die permanente *Selbst-Herstellung* des Systems und seiner Operationen in der Zeit, sondern zugleich die Aufrechterhaltung einer Abgrenzung bzw. *Differenz* zur Umwelt (siehe S. 31, 148).
Diese Art von Prozessen kann mit dem Begriff *Re-entry* aus den *Laws of Form* verglichen werden. Re-entry bedeutet: die *Wiedereinführung einer Unterscheidung in sich selbst.* Die Operationen in der

Differenz System/Umwelt (eine bereits paradox angelegte Unterscheidung) finden ausschließlich auf der Seite des Systems statt.

Die folgende Karikatur soll andeuten, wie diese Wiedereinführung gemeint ist.

Kopfmenschen

Das psychische System des Mannes operiert mit Gegenständen der Umwelt nicht außerhalb von sich, sondern innerhalb, ja es operiert sogar mit dem ganzen Mann als Umwelt von sich. In der paradoxen Definition System = System/Umwelt wird die Unterscheidung [System/Umwelt] ins System hineingedacht. Es ist ein »Wieder-Eintritt« der Unterscheidung [System/Umwelt] ins System selbst, der Re-entry genannt wird. Der Begriff stammt von GSB und ist in den LoF sehr knapp skizziert.

Der Kalkül der Laws of Form mit seiner endlichen Anzahl von Operationen ist widerspruchsfrei und vollständig, enthält somit formal kein Re-entry. Das Prinzip scharfer Grenzen der Unterscheidungen bleibt gewahrt. Trotzdem ist die Möglichkeit des Re-entry in der Grundidee von Unterscheidung und Bezeichnung angelegt. Wenn wir einen Raum *markieren* (Bild 10), so wird das *Zeichen* »Rechteck« in den Raum gesetzt. Dieses Zeichen ist aber selbst *eine Unterscheidung in seiner eigenen Form,* denn im Aufbau dieses Kalküls gibt es lediglich die Unterscheidung als Basisoperation, sonst keine.

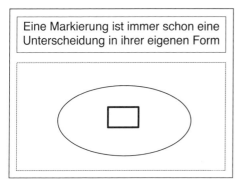

Bild 10

Das Zeichen hat einen Innenraum, welcher vorerst unmarkiert ist, auf den man jedoch mit einem weiteren Zeichen hinweisen kann. Auch beim zweiten Zeichen kann auf den Innenraum hingewiesen werden und so auch beim dritten, vierten etc. und man erhält schlussendlich eine nicht abbrechende Folge, eine *Verschachtelung* von Zeichen (Bild 11).

Jedes Mal, wenn man ein Rechteck innen einführt, ändert sich der Wert des Ausdrucks zwischen markiert und unmarkiert. Denkt man sich diese Folge als unendlich, so kann nicht mehr angegeben werden, welchen Wert diese Verschachtelung hat (Bild 12). Der Wert kann sein: »Rechteck« oder »kein Rechteck«. Wir nennen diese Verschachtelung willkürlich »J«. Legt man danach noch einmal ein Rechteck außen um J, dann ändert sich am Endergebnis nichts, denn wiederum handelt es sich um eine unendliche Folge verschachtelter

Rechtecke. Zählt man 1 zu unendlich, gibt es immer noch unendlich. Es entsteht eine paradoxe Gleichung, welche in Kurzform geschrieben J = [J] heißt.

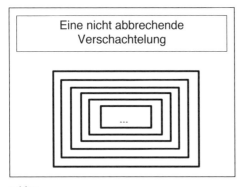

Bild 11

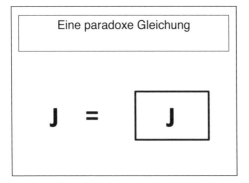

Bild 12

Jetzt kann man für das J in [J] immer wieder [J] einsetzen und so auf der rechten Seite der Gleichung im Bild 12 wiederum diese unendliche Folge von Verschachtelungen erzeugen. Dieser Prozess des Immer-wieder-Einsetzens stellt eine Entparadoxierung des Widerspruchs in der Zeit dar.

Was könnte dieses Immer-wieder-Einsetzen, diese Entparadoxierung eines Widerspruchs in der Zeit im Kontext von Beratung, Mediation bzw. Therapie bedeuten?

Re-entry in Sozialforschung, Beratung und Therapie – Veränderung durch »Störung«

Im Kontext der empirischen Sozialforschung »rechnet« man mit unterschiedlichen »Störvariablen« bzw. »Störeinflüssen«, insbesondere mit dem »Rosenthal-Effekt« (Rosenthal u. Fode, 1963) und dem »Hawthorne-Effekt« (Wickström u. Bendix, 2000).

Stellt man z. B. in einer Untersuchung zur partnerschaftlichen Kommunikation einem der Partner die Frage: »Haben Sie *darüber* mit Ihrem Partner schon gesprochen?«, so hat man mit einem nach Rosenthal genannten Versuchsleiter-Artefakt zu rechnen, dem Rosenthal-Effekt, wodurch das Ergebnis der Untersuchung durch die »positiven« Erwartungen, Einstellungen und Überzeugungen sowie durch »positive« Stereotype des Versuchsleiters in Form einer »selbsterfüllenden Prophezeiung« beeinflusst – im Sinne von »gestört« – wird: Der eine Partner wird vielleicht mit dem anderen Partner »*darüber* reden«, was er vielleicht ohne diese Frage des Versuchsleiters nicht gemacht hätte. In die Kommunikation der Partner wird eine Unterscheidung eingeführt: »*darüber* miteinander reden«, die ohne diese Untersuchung über deren Kommunikation nicht prozessiert worden wäre.

Der Hawthorne-Effekt beschreibt das Phänomen, dass die Teilnehmer einer Studie ihr selbstverständliches Verhalten ändern, wenn sie *wissen,* dass sie an einer Studie teilnehmen und unter Beobachtung stehen. Es kann also sein, dass die Ergebnisse einer Studie durch die Studie selbst »verfälscht« werden – wenn man von Gegebenheiten ausgeht, die man als vom Versuchsleiter unabhängig beobachtet oder die überhaupt erst durch sie hervorgerufen werden.

Bei beiden Effekten handelt es sich – aus einer systemtheoretischen Perspektive betrachtet – um Phänomene, die beschrieben werden können als hervorgerufen durch einen Wiedereintritt einer Unterscheidung (*darüber* miteinander reden; also der Unterscheidung von *Fremdreferenz* und Selbstreferenz) in das durch sie Unterschiedene (Kommunikation als System, als Unterscheidung von *Fremdreferenz* und Selbstreferenz).

Sie hat den Effekt, die Ausgangsbasis eines Systems – in unserem Fall des sozialen Systems Partnerschaft – in dem Moment zu verändern, in dem *über es* gesprochen wird. Wird ein System *Gegenstand* der eigenen Reflexion, ändert es sich selbst.

Wird dieselbe Frage im Kontext systemischer Therapie gestellt, »rechnet« man auch mit »(Ver-)Störungen«, die jedoch nicht als die Ergebnisse »verfälschend« oder sie gar »bedrohend« betrachtet werden, sondern als im Höchstmaß »erwünscht«, nämlich als Interventionen. Das Reden über das Miteinander-Reden, das Denken über das Denken und Fühlen werden von uns als Formen eines Re-entry gesehen und somit als die wesentlichen systemimmanenten Aspekte von Veränderung in Beratung, Mediation und Therapie.

In der systemischen Therapie war immer bekannt, dass die Fragen des Beraters bzw. Therapeuten den Klienten selbst zur Bildung und Beschreibung neuer Sichtweisen einladen, die die eigene Wissensbasis des psychischen Systems des Klienten verändern. Dieser Prozess und sein Effekt wurden aber nicht mit dem Begriff »Re-entry« benannt.

»Zirkuläres Fragen unterminiert das Glaubenssystem [des Klienten] dadurch, dass die Sprache der Beziehung benutzt wird und nicht die von dem, ›was ist‹ [...]. Diese Fragen implizieren Muster, nicht Fakten. In demselben Moment, in dem eine Frage ein Glaubenssystem unterminiert, schafft sie Raum für neue Geschichten« (Cecchin, 1988, S. 201).

Dies erklärt auch, warum die Qualität der Beziehung zum Berater bzw. Therapeuten jenseits der spezifischen Methoden der einzelnen Schulen der empirisch am besten abgesicherte Wirkfaktor von Beratung und Psychotherapie darstellt (Grawe, 2000, S. 411; Bachelor u. Horvath, 2001, S. 144).

Zum Begriff Autopoiese

Der Begriff Autopoiese meint genau diese laufende Wiederverwendung einer Unterscheidung in sich selbst und lässt sich so als ein Selbstherstellungsprozess beschreiben. Sie lässt sich zudem auf sehr unterschiedliche Prozesse beziehen. Diese haben jedoch eines gemeinsam: *Es handelt sich um Prozesse in der Zeit.*

Die bisherige *räumliche* Darstellung im Bild 11 macht diesen *zeitlichen Ablauf* nicht sichtbar. Ein autopoietisches System schließt *in seinem Vollzug Ereignisse an Ereignisse* an, ermöglicht so sich selbst und hält den Umweltkontakt durch Selbstkontakt. Ein vereinfachtes symbolisches Modell muss entsprechend *in der Zeit* dargestellt werden.

Die Darstellung in Bild 11 könnte als solche *zeitliche Abfolge* gesehen werden. Man erhält dann einen *Ablauf* von Schritten der Werte-Umkehrung: *Kreuzen* von markiert zu unmarkiert und umgekehrt, also einen Ablauf von der Art: … markiert/unmarkiert/markiert/ unmarkiert … Oder gleichwertig: … unmarkiert/markiert/unmarkiert/markiert … Der Widerspruch der paradoxen Gleichung im Bild 12 wird aufgelöst, gewissermaßen zeitlich »auseinandergezogen«.

Zum Begriff Rückkopplung

Anschaulicher wird der Vorgang, indem anstelle der mathematischen Symbole elektronische Schaltelemente (Spencer-Brown, 1969/1997, S. 57) gedacht werden.

Das folgende Schaltelement: | (Bild 13) hat genau die Eigenschaften des Symbols »Rechteck« oder der Klammer [ ] in den Laws of Form. Es kehrt die Werte zwischen Input und Output um.

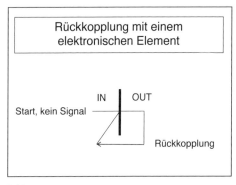

Bild 13

Befindet sich an der Stelle IN [Input] kein Signal [unmarkiert], so hat es bei OUT [Output] ein Signal. Durch die Rückkopplung wird dieser Wert »Signal« mit einer kleinen *Verzögerung* auf den Input übertragen und der Output erhält wegen der Umkehrung kein Signal. Dieses wirkt wiederum auf den Input etc. An diesem sehr vereinfachten Modell zeigt sich, dass jedes Ereignis dieses Prozesses *sich auf den vorhergehenden* Wert bezieht. Die Ereignisse erfolgen gewissermassen *rückwärtsgewandt*, der Prozess läuft jedoch *in Zeitrichtung* ab. Die Regelung des Prozesses wird durch die Eigenschaften des Schaltelements erzeugt und *nicht von außen*. Das *Element* operiert auf *sich selbst*.

Die stetige Verzinsung

Kennzeichen der Autopoiese ist, dass Systeme sich mit ihren eigenen Mitteln reproduzieren. Diesen schwer vorstellbaren Prozess der Autopoiese versuchen wir uns noch in einem anderen Beispiel mithilfe einer mathematischen Berechnung zu nähern: mit der Idee des Zinseszins[12]:

Wer ein Kapital anlegt, erhält in der Regel einen jährlichen Zins von x %. Am Ende des ersten Jahres beträgt das Kapital den Anfangswert plus den Zins. Im zweiten Jahr erhöht sich der Zins bei gleichem Zinssatz, da der Zins des ersten Jahres mitverzinst wird.

Den gleichen Effekt erhalten wir, wenn der Zins halbjährlich ausbezahlt wird. Am Ende des Jahres ist der Betrag *größer* als mit einmaliger Auszahlung. Nun können wir dies fortsetzen: monatliche, wöchentliche, tägliche, stündliche etc. bis *momentane* Verzinsung. Stellen wir uns vor, *in jedem Moment* würde der Zins dem Kapital zugeschlagen. Kein Banker könnte dies mit Geld realisieren, jedoch kann man es rechnen und manchmal macht es auch im Geldwesen Sinn.

Eine solche *kontinuierliche* Verzinsung vergleichen wir nun mit dem Wachstum eines Systems aufgrund seiner eigenen *momentanen* Eigenschaften. Interessant dabei ist, dass die Rechnung in diesem Beispiel sehr einfach wird, wenn man die mathematische Herleitung erst einmal annimmt. Das Endkapital nach einem Jahr beträgt gerundet:

Anfangskapital $\times 2.718^{Zinsfuß}$ [2.718 hoch den Wert des Zinsfußes].

---

12 Siehe dazu etwa Wikipedia: Zinsrechnung, Punkt 5, stetige Verzinsung (2015).

Beträgt der Zinsfuß 1 %, hat also den Wert 0.01, so ist $2.781^{0.01} = 1.105$. Die gerundete Zahl 2.781 meint exakt die Euler'sche Zahl e. Man kann die Rechnung mit jedem guten Smartphone nachvollziehen.

Hier nochmals der Gedankengang: Das Geldsystem – in diesem Fall – produziert in jedem Moment einen winzig kleinen Beitrag, welcher für den nächsten Moment mitberücksichtigt wird, um einen minimal größeren Beitrag zu produzieren. Dass sich dieser Gedanke widerspruchsfrei rechnen lässt, erstaunt vielleicht. Gleichzeitig lässt sich mit diesem Beispiel der Begriff des Re-entry einfügen: Das Produkt eines *Moments* (Zinsbetrag) wird in das System (*momentanes* Kapital) *wieder eingeführt* und trägt so zum Wachstum bei.

Es isch emol e Maa gsi,
Dä hett e hohle Zahn gha
Und in däm Zahn isch e Schächteli gsi
Und in däm Schächteli isch e Zeedeli gsi
Und uf däm Zeedeli isch gschtande:
Es isch emol e Maa gsi,
Dä hett …

Es war einmal ein Mann,
Der hatte einen hohlen Zahn
Und in dem Zahn war ein Schächtelchen
Und in dem Schächtelchen war ein Zettelchen
Und auf dem Zettelchen stand:
Es war einmal ein Mann,
Der hatte …

Kindervers aus der Schweiz

Zusammenfassendes Glossar

In dieses Glossar haben wir die wichtigsten Begriffe des KLM in einer ungewöhnlichen, nicht alphabetischen Reihenfolge aufgenommen. Zudem verweisen wir bei jedem Begriff indexartig auf die Überschrift im Text (Seitenzahl in Klammern), unter welcher er am ausführlichsten definiert ist. Die im Glossar übernommenen Erläuterungen sind mit wenigen Ausnahmen dem Text entnommen und mit redaktionellen Anpassungen versehen. Zu den Begriffen der Systemtheorie verweisen wir auch auf Krause (1999) und Jahraus, Grizelj, Kirchmeier, Nassehi, Saake, Müller (2012). Die von uns vorgenommene Reihung der Begriffe entspricht dem Duktus der Ideen des KLM. Der Theoriepraxiszusammenhang des KLM wird auf diese Weise in einer komprimierten Form vorgestellt.

Person (siehe S. 13): Wir verwenden den Person-Begriff im Sinn der Systemtheorie. Die »Person« stellt demnach eine *Struktur der Kommunikation* dar, die Erwartungen zuordnet, das heißt, sie bezeichnet eine kommunikative Wirklichkeit, genauer: eine *soziale Adresse* für Kommunikationen (Krause, 1999, S. 164).

Die Systemtheorie unterscheidet zwei Formen von sozialen Adressen: Im Unterschied zur sozialen Adresse der »Rolle« als hoch schematisierte Struktur der Kommunikation, die weitgehend von Individualität absieht, ist die soziale Adresse der »Person« eine Struktur der Kommunikation, die sich auf individuell attribuierte Verhaltenseinschränkungen bezieht (Fuchs, 2011, S. 74 f.): »Den Ausdruck ›Person‹ wollen wir […] für die Bezeichnung der sozialen Identifikation eines Komplexes von Erwartungen […] reservieren, die an einen Einzelmenschen gerichtet werden« (Luhmann, 1985, S. 286).

Grundsätzlich werden Strukturen nicht als ein Apriori der konkreten Praxis verstanden, sondern als Erwartungsstrukturen, das heißt als gegenwärtig aktualisierte Einschränkungen von Möglichkeiten in konkreten Situationen, die anderes ausschließen. Eine Person »ist« im Kontext der Partnerschaft und Familie eine andere Person als im Kontext des Berufs. Erwartungen führen immer auch die Möglichkeit der Enttäuschung der Erwartungen mit sich, wenn Abweichendes, Überraschendes, Neues und Zufälliges beobachtet wird. Strukturen werden somit als veränderbar beobachtet (Groddeck, 2012, S. 120).

Differenz und Differenzen (siehe S. 27): Das zentrale Merkmal der Systemtheorie Niklas Luhmanns ist das in der gesamten Theoriearchitektur konsequent durchgehaltene *Denken in Differenzen,* in Zweiheiten und Unterscheidungen. Luhmann unterscheidet sich hier radikal von einer an Einheit, Einheiten, Identitäten, Ganzheiten oder Teilen und Ganzem orientierten Denkungsart, die noch die Philosophie Kants (1781/1975) und letztlich auch – trotz Differenzdenken und Dialektik – die Philosophie Hegels (1807/1952) prägte. Auch der sogenannte radikal-konstruktivistische Denkansatz von Ernst von Glasersfeld (2011) bleibt dem Denken Kants und – in dessen Folge – dem Ansatz Piagets (1986) verpflichtet. Jedoch bereits Fichte (1795/1971, S. 332 f.) grenzte sich von dieser Denkungsart des großen und von ihm verehrten Kant ab und vollzog eine Wende zum Denken in Differenzen, in Zweiheiten. Spencer-Brown (1969/1997) entwickelte ganz unabhängig davon seine eigene Form einer Differenztheorie, deren Zentralbegriffe der Unterscheidung bzw. Beobachtung dann Luhmann (1985) seiner gesamten Systemtheorie zugrunde legte.

System als Differenz (siehe S. 27): Auf dem Hintergrund dieser knapp skizzierten Entwicklung philosophischer Einheits- bzw. Differenzreflexion gewinnen wir einen Zugang zu Luhmanns Systembegriff. Er ist also ein Differenzbegriff. Er bezeichnet eine »gespaltene Kausalität« bzw. eine *doppelte Bezogenheit* des Systems einerseits auf sich selbst, die mit dem Begriff »Selbstreferenz« bezeichnet wird, *und* zugleich in Abgrenzung, also in *Differenz* dazu, die Bezogenheit des Systems auf das, was das System *nicht* ist: die Umwelt, die mit dem Begriff »Fremdreferenz« bezeichnet wird. Das heißt, es gibt keine der beiden Bezogenheiten ohne die andere. Ein System als sich vollziehende *Unterscheidung von Selbstreferenz/Fremdreferenz* kann demnach nicht als Objekt beobachtet werden. Es wird beobachtet als »Unjekt« oder auch »Unding«.

System als Funktion (siehe S. 30): Die Funktion des Systems wird darin betrachtet, Umweltereignisse laufend daraufhin zu prüfen, ob und wie sie der Systemreproduktion dienen können, aber auch umgekehrt Systemereignisse daraufhin zu prüfen, ob sie in der Lage sind, Umweltereignisse aufzugreifen und der Systemreproduktion einzupassen. Man könnte sagen: Das System muss sich *als diese Funktion* realisieren, wenn es sich von der Umwelt unterscheiden können will.

Operationen (siehe S. 33): Operationen werden betrachtet als die *Elemente* der Systeme. Die Elemente wiederum werden gesehen als flüchtige (volatile) *Ereignisse,* die in dem Moment, in dem sie auftauchen, auch schon wieder verschwinden. Luhmann unterwirft somit den Elementbegriff seiner Systemtheorie einer radikalen Verzeitlichung, im Unterschied zu jedem raumbasierten Systembegriff.

Autopoiese (siehe S. 31, 141): Operationen kommen nicht als selbstidentische Singularitäten vor, sondern als Ereignisse *im Zusammenhang eines zirkulären Selbstherstellungsprozesses,* der als Autopoiese bezeichnet wird. Der Begriff beschreibt die Weise der Verknüpfung von Elementen bzw. Ereignissen, die durch diese Verknüpfung selbst (autos) erst zu Ereignissen werden, durch die sich diese Verknüpfung selbst erst vollzieht (poiein). Diese Art von Prozessen kann mit dem Begriff *Re-entry* aus den *Laws of Form* verglichen werden. Re-entry bedeutet: die *Wiedereinführung einer Unterscheidung in sich selbst.* Die Operationen des System/Umwelt-Systems (eine bereits paradox angelegte Unterscheidung) finden ausschließlich auf der Seite des Systems statt. Autopoiese meint aber nicht nur die permanente Selbstherstellung des Systems und seiner Operationen in der Zeit, sondern zugleich die Aufrechterhaltung einer Abgrenzung und Differenz zur Umwelt.

Typen von Operationen, Typen von Systemen (siehe S. 31): Luhmann geht davon aus, dass nur jeweils *ein* Typ von Operation ein System erzeugt. Das »Rechnen« mit einer einzigen Operation bzw.

mit einem einzigen Operator gestattet ihm, Systemtypen je nach Typ des Operators zu unterscheiden. Dies entspricht der Art, wie Spencer-Brown seinen Kalkül aufgebaut hat, die Luhmann übernimmt. Er bindet also verschiedene *Systemarten,* nämlich psychische, soziale und neuronale Systeme, streng an ihre jeweils eigenen *Operationen,* nämlich Vorstellungen in psychischen Systemen, Kommunikationen in sozialen Systemen und biochemische Erregungen (»Hirnereignisse«) in neuronalen Systemen.

Beobachtung (siehe S. 33): Die Operationen des Systems werden in der Systemtheorie Luhmanns ebenfalls in Anlehnung an die Terminologie Spencer-Browns spezifisch definiert als Handhaben bzw. Treffen einer *Unterscheidung* zur *Bezeichnung* der einen und nicht der anderen Seite.

Beobachter (siehe S. 34): Die Verkettung von Operationen des gleichen Typs konstituiert ein autopoietisch operierendes System, das Luhmann – noch undifferenziert im Blick auf unterschiedliche Typen von Systemen – als Beobachter bezeichnet. Im Fall psychischer und sozialer Systeme entstehen sinnförmig strukturierte *Geschehenszusammenhänge* bzw. psychische und soziale Beobachter.

Konstruktion von Wirklichkeit (siehe S. 35): Es gibt keine beobachtungslose Welt. Wir haben es immer mit einer Weltbeschreibung zu tun, die die Darstellung von Sachverhalten, Zwecken, Werten, Handlungsintentionen etc. durch die Referenz auf einen psychischen oder sozialen Beobachter filtert. Alle sogenannten Qualitäten und Eigenschaften der Dinge, Objekte, Systeme etc. sind somit nicht die Qualitäten und Eigenschaften der Dinge, Objekte und Systeme, sondern diejenigen ihrer *Beschreibung* durch einen Unterscheidungen treffenden und Bezeichnungen (Markierungen) verwendenden *Beobachter.*

Referieren (siehe S. 16 Sinnhafte Bezeichnungen, z. B. »Frau«, »Mann«, »Hund«, »Katze« etc., werden als *Bezug auf etwas* zur weiteren Informationsverarbeitung eingesetzt. Die Unterscheidung wird jedoch nicht mitbeobachtet.

Beobachtung erster Ordnung (siehe S. 36): Eine Unterscheidung und die *Bezeichnung* (Markierung) einer Seite ist hier explizit im Spiel (z. B. *Frau*/Mann), an der entlang sich das System aussteuert, also die *Bezeichnung* von *etwas* im Kontext einer *Unterscheidung* von anderem. Beobachtung erster Ordnung hat einen versachlichenden, ontologisierenden, also Realitäten produzierenden Effekt, denn das Unterscheiden selbst bleibt im Moment des Gebrauchs im *blinden Fleck* des Beobachters.

Beobachtung zweiter Ordnung (siehe S. 36): Ein Beobachter operiert auf dieser Ebene, indem er beobachtet, mithilfe welcher Unterscheidungen beobachtet wird. *Diese Unterscheidungsbildung zweiter Ordnung bildet im KLM die Grundoperation im Lösungsmöglichkeitenraum psychischer und sozialer Konflikte.* Bei der Beobachtung zweiter Ordnung geht es nicht mehr um die Unterscheidung von Dingen, Sachverhalten oder Alternativen, sondern um die *Unterscheidung von Unterscheidungen*. Dies geschieht in einer zeitlich nachgängigen, auf die Beobachtung erster Ordnung zurückschauenden, reflektierenden Beobachtung zweiter Ordnung, in der gesehen werden kann, welcher Beobachter mithilfe welcher *Unterscheidung/im Unterschied zu anderen möglichen Unterscheidungen* etwas/ im Unterschied zu anderem beobachtet bzw. bezeichnet. Beobachtung zweiter Ordnung hat ihre entscheidende Wirkung darin, dass sich alles, was als Tatsache, als Weltgegebenheit, als Realität erschien, als *kontingent* setzen lässt, als mithilfe und unter Nutzung *anderer Unterscheidungen* auch als *anders beobachtbar*. Beobachtung zweiter Ordnung bewirkt eine immense Erweiterung und Flexibilisierung von Beobachtungsmöglichkeiten, allerdings um den Preis der radikalen Einführung des *Konstruktionscharakters von Wirklichkeit*.

Psychische Konflikte (siehe S. 43): Das selbstverständliche unterscheidend bezeichnende Operieren des psychischen Systems als das fortwährende Aneinanderanschließen an eine Seite einer Unterscheidung und das so fortlaufende Prozessieren von Beobachtungsoperationen eine nach der anderen erscheint gleichsam durch ein Beobachtungshindernis blockiert. Deswegen werden durch ein *permanentes Kreuzen* auf die andere Seite der beiden Seiten der

Unterscheidung bzw. durch ein permanentes Hin und Her durch aufeinanderfolgende Operationen beide Seiten einer Unterscheidung *nacheinander* aktualisiert, die beide gleichermaßen mit hoher Bedeutung ausgezeichnet werden. Das zentrale, entscheidende Merkmal psychischer Konflikte besteht demnach in der blockierenden Bewegung der Nicht-Entscheidung bzw. in der *Oszillation* sich unterscheidender bis explizit gegenseitig sich negierender Optionen. Der Unterschied zwischen fortkommender und konflikthaft-blockierender Operationsweise besteht – metaphorisch räumlich beschrieben – gleichsam in einer Art »Richtungswechsel«: von »nach vorn« zu »seitlich«.

Autologische und heterologische psychische Konflikte (siehe S. 45): Von einem *autologischen psychischen Konflikt* soll dann gesprochen werden, wenn beide Seiten einer Unterscheidung fortlaufend oszillierend aktualisiert werden, wenn ein und dasselbe psychische System Unvereinbares *von sich selbst* erwartet. Von einem *heterologischen psychischen* Konflikt sprechen wir, wenn das psychische System eine zur eigenen Option alternative, gegensätzliche und diese negierende Option ins Bewusstsein »importiert« bzw. »internalisiert«.

Soziale Konflikte (siehe S. 46): Im Unterschied zu psychischen Systemen, in denen Widersprüche durch Hin-und-her-Flippen auf die beiden Seiten einer Unterscheidung prozessiert werden, erzeugen soziale Systeme als Kommunikationssysteme Widersprüche operativ *durch die Kommunikation von Ablehnung*. Ein sozialer Konflikt liegt dementsprechend vor, wenn Erwartungen kommuniziert werden und das Nicht-Akzeptieren der Erwartungen rückkommuniziert wird. Alter lehnt Egos Ablehnung von Alters Ausgangssinnangebot seinerseits ab. Beide Kommunikationsagenten *stimmen darin überein, dass sie nicht übereinstimmen* und in ihren Folgekommunikationen von dieser Nicht-Übereinstimmung ausgehen.

Manifeste/latente Konflikte (siehe S. 48): Von *manifesten* psychischen und sozialen Konflikten sprechen wir, wenn die Wertunterschiede in der Kommunikation mit Klienten *markant unterschieden* benannt werden können. Von *latenten* Konflikten sprechen wir, wenn Klienten *nicht* in der Lage sind, die Komplexität der Konflikt-situation so zu erfassen und *auf Wertunterschiede bzw. Wertgegen-sätze zu reduzieren,* dass sie daraus eine für sie selbst klare, eindeu-tige und selbstverständliche Handlungsorientierung ableiten können.

Beratung, Mediation und Psychotherapie (siehe S. 56): Voraus-gesetzt wird die Betrachtung *autopoietischer, strukturell gekoppelter,* sich wechselseitig penetrierender, das heißt mit Komplexität, mit Anregung versorgender sozialer und psychischer Systeme. *Berateri-sche bzw. therapeutische soziale Kommunikation* stellt der *Psyche* des Klienten bzw. der *sozialen Kommunikation* der Partner durch eine *bestimmte* Abfolge von Fragestellungen und Themen *und* durch die Art und Weise einer respektvollen, neugierigen und wertneutralen Gesprächsführung gleichsam auf Augenhöhe eine bestimmte Form geordneter Komplexität zur Verfügung, an der entlang sich die Psy-che des Klienten bzw. die Kommunikation der Partner *selbst* neu organisieren, neu strukturieren und andere und neue Unterschei-dungen treffen kann. Die Klienten ihrerseits bringen ihre Inhalte und Themen in die beraterische bzw. therapeutische Kommunikation ein.

Das Konflikt-Lösungs-Modell – KLM (siehe S. 56): Das KLM ist ein interdisziplinäres Modell einer *logisch-systemtheoretisch begründeten Praxis systemischer Konfliktlösung mit Einzelnen und Partnern.* Im Zentrum der Praxis steht die heuristische Methode der *funktiona-len Analyse,* welche davon ausgeht, dass *Probleme,* welche von Klien-tinnen und Klienten geäußert werden, *Lösungen* von meist *latenten Konflikten* darstellen. Es geht demnach nicht um die Bearbeitung des Problems, sondern um die Schritt für Schritt erfolgende *(Re-)Kon-struktion* der dualen Alternativen des latenten Konflikts, ohne die das beklagte Problem nicht bearbeitet werden kann. Diese wiederum bilden die Voraussetzung für die Entfaltung eines *Lösungsraumes* mit aus rein logischen Gründen 16 prinzipiellen Wahlmöglichkeiten, der eine neue Entscheidung in einem zeit- und/oder raumbezoge-nen Konfliktlösungsprozess eröffnet. Beraterische bzw. therapeuti-sche Kommunikation als *Konflikt(re)konstruktion und Lösungskons-truktion* vollzieht sich dabei selbst als *fortwährende Differenzierung,* als Kreuzen bzw. Wechseln auf jeweils andere, neue Seiten aneinander anschließender Unterscheidungen. Der strukturierte Weg von der einen Seite: dem Problem, zur jeweils anderen neuen Seite: zunächst zum Problem am Problem, dann zu dessen anderer Seite: der Zwischenlösung, zu deren anderer Seite: dem Hindernis, dann zum Konflikt als Unterscheidung beider Seiten und schließlich zu dessen anderer Seite: der Konfliktlösung auf der Basis logisch-prinzipiell überhaupt möglicher Lösungskombinationen, führt dabei zunächst zu einer *Komplexitätserhöhung* und schließlich wieder zu einer *Komplexitätsreduktion* in der Form einer *Neuentscheidung* des meist als existenziell bedeutsam (re-)konstruierten Konfliktes.

Kontextklärung zu Beginn (siehe S. 62): In diesem Themenbereich des Konfliktlösungsprozesses geht es um die Klärung der Frage: »Welche Personen sprechen dem gerade begonnenen Beratungs- bzw. Therapieprozess welche Bedeutung, welchen Sinn zu?« Die Klärung dieser Frage ist verbunden mit einem »Blick zurück« auf die zeitlich der Beratung, Mediation bzw. Therapie vorhergehenden kommunikativen Ereignisse, die zur Bildung dieses aktuellen beraterischen bzw. therapeutischen Kommunikationssystems geführt haben. Insbesondere geht es in der Kontextklärung um die *Beschreibung der Motive* des Klienten bzw. der Partner für das »Betreten« des »Raumes« der beraterischen bzw. therapeutischen Kommunikation.

Beschreibung des Problems (siehe S. 63): In diesem Themenbereich geht es um die *Beschreibung der gesamten Situation und ihrer entsprechenden Kontexte,* die von den Klienten bzw. den Partnern als »schwierig« bzw. »problematisch« beobachtet und erlebt wird. In der Antwort auf die Frage nach dem Problem blickt der Klient bzw. blicken die Partner »fremdreferenziell« auf die Situation.

Beschreibung und (Re-)Konstruktion des »eigentlichen Problems« bzw. des Problems am Problem (siehe S. 64): Die Frage nach dem Problem am Problem verschiebt den Fokus des Klienten *auf sich selbst* bzw. der Partner *auf sie selbst.* In der Arbeit mit Einzelnen wird danach gefragt, welchen Beitrag der Klient selbst an der Herstellung und/oder Aufrechterhaltung des Problemprozesses leistet. Die ausführliche Frage, die in einem Dialog entfaltet werden muss und in dieser reduzierten Form nicht gestellt werden kann, lautet: »Wie machen *Sie selbst* das genau, dass das, was da gerade geschieht oder was andere machen, *für Sie* zu dem wird, was *Sie selbst* als ›Problem‹ betrachten und als ›Problem‹ bezeichnen?« In der Arbeit mit Partnern lautet die entsprechende Frage: »Was ist *für Sie* schwierig, wenn sich Ihr Partner in dieser Situation so verhält, wie *Sie* das erleben und gerade beschrieben haben?« Die Antworten auf diese Fragen stellen die Bedingung der Möglichkeit eines *sich selbst organisierenden Konfliktlösungsprozesses* dar, insbesondere für den folgenden Schritt.

Auftragsklärung (siehe S. 66): Die Kommunikation mit Klienten bzw. mit Partnern vollzieht sich im KLM strikt kooperativ. Die Übernahme der (Mit-)Verantwortung für die *(Mit-)Herstellung und (Mit-)Aufrechterhaltung* der vom Klienten bzw. von den Partnern als »problematisch« beschriebenen Situation ist zugleich die Voraussetzung für die Übernahme der Verantwortung für die *Veränderung* dieser Situation. Erst dadurch eröffnet sich dem Klienten bzw. eröffnet sich den Partnern die Möglichkeit, zum Kunden bzw. zu Kunden zu werden, der bzw. die *selbst* etwas verändern und *etwas Alternatives* erreichen möchte bzw. möchten. *Ob er bzw. sie das aber tatsächlich will bzw. wollen, danach muss erst gefragt werden.* Deshalb erfolgt im Prozess des KLM die Auftragsklärung nicht am Anfang der Beratung, Mediation bzw. Therapie, sondern erst nach der Beschreibung des »Problems« und des »eigentlichen Problems« in Verbindung mit der Zielklärung bzw. Zielbeschreibung in Form der Frage: »Wenn Sie und ich das so sehen und beschreiben – was heißt das nun für *unsere* weitere Zusammenarbeit?«

Konstruktion der Zwischenlösungen (siehe S. 67): Die Klienten bzw. die Partner werden angeregt, unter Berücksichtigung der im lösungsfokussierten Ansatz erarbeiteten Kriterien für wohldefinierte Ziele bzw. Zwischenlösungen so genau und so konkret wie möglich zu operationalisieren, *was sie tatsächlich anders machen,* das heißt, wie sie die andere Seite des Problems am Problem konkret ausgestalten wollen.

(Re-)Konstruktion der Hindernisse (siehe S. 68): Das KLM geht davon aus, dass es für Klienten in bestimmten Situationen und Kontexten ernst zu nehmende und wichtige Hindernisse – Einstellungen, Werte, Glaubensüberzeugungen – gibt, die der Erreichung ihrer relevanten Zwischenlösung gleichsam entgegenstehen und ihre selbstverständliche Realisierung verhindern. Auf dem Hintergrund der genauen und ausreichend umfassenden Beschreibung ihrer Zwischenlösung sind sie in der Lage, unmittelbar *auf die Seite des Hindernisses,* das ja im Konfliktfall immer schon – allerdings latent – mitgeführt wird, zu kreuzen, dieses so überhaupt erst sichtbar zu machen und seine positive Werthaftigkeit zu erleben. In der Arbeit mit Partnern werden beide nacheinander gefragt: »Was genau *hindert Sie,* dem Wunsch Ihres Partners bzw. Ihrer Partnerin zu entsprechen?«

Das KLM als rein lösungsorientiertes Modell (siehe S. 69): Werden von Klienten bzw. von Partnern *keine Hindernisse* formuliert, zeigt sich das KLM als rein lösungsorientierter Prozess. Er endet an dieser Stelle und die zunächst als »Zwischenlösungen« beabsichtigten Beschreibungen erweisen sich dann als Beschreibungen von »Lösungen« bzw. »Zielen«.

Beschreibung des psychischen und sozialen Konfliktes (siehe S. 72, 82): Im Fall psychischer Konflikte haben wir mit der Beschreibung der »Zwischenlösung« und mit der Beschreibung des der »Zwischenlösung« entgegenstehenden Hindernisses die beiden alternativen Werte *a/b* des bisher als »latent« beobachteten psychischen Konfliktes (re-)konstruiert und offengelegt. Im Fall sozialer Konflikte bilden *einerseits* die Zwischenlösung eines Partners zusammen mit dem Hindernis des einen Partners in Bezug auf die Zwischenlösung des anderen Partners und *andererseits* die Zwischenlösung des anderen Partners zusammen mit dem Hindernis des anderen Partners in Bezug auf die Zwischenlösung des einen Partners die *beiden* Seiten *a/b* des sozialen Konfliktes. Auf beiden Seiten dieses Konfliktes sind in differenzierter Form die dem einen bzw. dem anderen Partner zugehörenden Zwischenlösungs-Hindernis-Aspekte *zusammengefasst.*

Konstruktion von Lösungen durch die Erweiterung von Wahl-möglichkeiten (siehe S. 14): Bei zwei alternativen Werten *a/b* offener und latenter, psychischer und sozialer Konflikte ergeben sich durch eine *erste* logische Kombinatorik die vier Tetralemmafälle *a/nicht b, b/nicht a, beides, beides nicht,* die ihrerseits durch eine *zweite* logische Kombinatorik auf insgesamt $2^4 = 16$ Lösungsmöglichkeiten erweitert werden. *Damit sind alle Lösungsmöglichkeiten vollständig benannt, wenn man von der Annahme von zwei Alternativen ausgeht.* Diese bilden den *strukturellen* Rahmen prinzipieller Lösungsmöglichkeiten psychischer und sozialer Konflikte, mit deren Hilfe sich prinzipiell beliebig viele *konkret-inhaltliche* Lösungsmöglichkeiten (er-)finden lassen.

Konstruktion von Lösungen durch ein Zeit-Experiment (siehe S. 94): Vorausgesetzt ist die klare und distinkte Unterschiedenheit der Werte, Inhalte und Bedeutungen der beiden Alternativen *a/b* des psychischen bzw. sozialen Konfliktes, der mit ihnen verbundenen Gefühle und die Idee der ersten Kombinatorik zu den vier Tetralemmafällen *a/nicht b, b/nicht a, beides und keines von beiden.* Einzelne Klienten werden zu einem *Zeit-Experiment* eingeladen: »Stellen Sie sich bitte vor, diese vier Konfliktlösungsmöglichkeiten Ihres psychischen Konfliktes, nämlich: *a/nicht b, b/nicht a, beides und keines von beiden,* stellen vier Zeiträume dar. Und wie das mit Zeiträumen so ist – man kann sie nicht gleichzeitig ›betreten‹, sondern nur nacheinander, eben im Verlauf der Zeit. Tun Sie bitte so, als hätten Sie sich beim ›Durchschreiten‹ dieser Zeiträume klar für jeweils *eine* dieser Lösungsmöglichkeiten entschieden.« Verspürt und artikuliert der Klient im Prozess des »Durchschreitens« *aller* vier Zeiträume das Bedürfnis nach einer Verbindung bzw. nach einer Kombination der damit assoziierten vier Lösungsformen, befindet er sich bereits auf einer Ebene der *Beobachtung zweiter Ordnung,* auf der er seine eigenen Beobachtungen beobachtet. *Eine Kombination entspricht dann in jedem Fall immer einer der 16 logischen Lösungskombinationsmöglichkeiten.* In der Arbeit mit Partnern werden beide Partner eingeladen, denselben Prozess in Bezug auf die alternativen Werte *a/b* ihres *sozialen* Konfliktes zu vollziehen.

Konstruktion von Lösungen durch die Vier-Felder-Arbeit als Experiment im Raum (siehe S. 106): Eine zum Zeit-Experiment alternative Form der Konfliktlösung lässt sich mit einer Strukturaufstellung mit dem Klienten bzw. mit den Partnern selbst im Raum – also ohne Repräsentanten – gestalten. Auch diesem *Experiment im Raum* liegt die Logik der vier Fälle bzw. der 16 Lösungsmöglichkeiten zugrunde. Bei diesem Ansatz wird *der konkrete Raum der Beratung, Mediation bzw. Therapie als Lösungsmöglichkeitenraum benutzt,* aber die vier Fälle werden nicht nach und nach in der Zeit entfaltet bzw. in die Zeit »gelegt«, sondern gleichsam im aktuellen Beratungs-, Mediations- bzw. Therapieraum komprimiert. Die vier Fälle werden darin als vier Flächen symbolisiert, welche Quadranten darstellen.

Konflikt- *und* **Lösungskombination zweiter Ordnung** (siehe S. 104, 114): *In der Arbeit mit Partnern* gehen beide beim Durchschreiten der Zeiträume von ihren individuellen Beobachtungen der Unterschiede des eigenen Wertes und des Wertes des Partners aus und finden zunächst nur *individuell* unterschiedliche *Lösungskombinationen* für ihren *sozialen* Wertgegensatz *a/b,* den sie wiederum wechselseitig beobachten können. Die hier entstandene *mögliche Differenz* zwischen den Partnern bezüglich ihrer Lösungskombinationen unterscheidet sich von der früheren *Differenz a/b* darin, dass die Partner einzeln nun schon *Lösungskombinationen* für sich entwickelt haben. Wir sprechen deshalb von einem *Konflikt zweiter Ordnung* bezüglich der *unterschiedlichen* Lösungskombinationen der Partner, falls sich ihre Lösungskombinationen nicht decken. Um begrifflich klare Verhältnisse zu schaffen, bezeichnen wir die Lösungskombination der einen Person mit dem Großbuchstaben *A.* Sie ist die Lösungskombination der für diese Person entstandenen vier Werte, die wir mit dem Kürzel *xxxx* für die Wahrheitswerte *w* und *f der Lösungskombinationen* bezeichnen. Analog steht für die andere Person das Kürzel *yyyy* für deren Lösungskombination *B.* Es kann sich zeigen, dass sich die beiden Lösungskombinationen *A* und *B* ganz oder teilweise decken. Sind die Partner jedoch entschieden, die *Differenz der Lösungskombinationen A/B,* die sich aus ihrer individuellen Bearbeitung des sozialen Konfliktes *a/b* ergeben haben, in ihre weitere Kommunikation wieder einzuführen *mit dem erklärten Ziel* des Suchens und

Findens einer *gemeinsam geteilten Lösungskombination* des sozialen Konfliktes, die wir als *Lösung zweiter Ordnung* bezeichnen, dann ist es unumgänglich, dass einer der beiden oder beide Partner in *Gegensatz* gehen muss bzw. müssen zu seinen bzw. ihren *bisherigen je individuellen* Lösungskombinationen *A* bzw. *B* des *sozialen* Konfliktes *a/b*. Analoges gilt für die Arbeit mit Partnern im Vier-Felder-Raum.

Funktion von Widersprüchen und Konflikten (siehe S. 115): Widersprüche bzw. Konflikte haben eine *alarmierende,* aber auch *entwicklungs- und potenzialentfaltende* Funktion. Sie verweisen auf die Notwendigkeit von Systemveränderungen im Blick auf eine angemessenere Selbst- und Umweltanpassung. Sie stellen die aktuellen Strukturen und Prozesse infrage und erzeugen zunächst Unsicherheit. Konflikte und Konfliktlösungen stellen jedoch nicht nur *Krisen,* sondern auch *Chancen* dar.

Grundhaltungen in der Konfliktlösungsarbeit (siehe S. 116): Die Gestaltung von Konfliktlösungsprozessen erfordert aufseiten der Berater und Therapeuten eine *professionelle Rahmung,* welche die Menschen, die sich in Konflikten befinden, ermutigt, eine professionell geführte Konfliktlösungskommunikation zu riskieren. Die *Transparenz* eines Konzeptes, das »Durchscheinen« einer Struktur in der Gestaltung der Themenabfolge der Kommunikation, schafft Sicherheit und Vertrauen in die Steuerungskompetenz des Beraters und Therapeuten. In jeder Phase des beraterischen bzw. therapeutischen Kommunikationsprozesses wird den Klienten aber auch eine *Entscheidung* und *Mitverantwortung* zugemutet. Unabhängig von der konkreten Konfliktlösung ereignet sich auf der Beziehungs- oder Mitteilungsebene der Kommunikation permanent *soziales Lernen am Modell.* Konfliktpartner lernen am meisten vom Berater bzw. Therapeuten, wenn es ihm gelingt, den Partnern so viel Zeit, Empathie und Verständnis zur Verfügung zu stellen, dass deren Werte und Lösungsmöglichkeiten für den redenden, indirekt aber auch für den zuhörenden Partner *präzise deutlich werden.* Die Einhaltung einer *sozialen Neutralität* gegenüber den Personen und einer *Wertneutralität* gegenüber den von ihnen gelebten und vermittelten Werten erscheint als die wesentlichste Moderationskompetenz eines gelingenden Konfliktlösungsprozesses. Neutralität erfordert die konsequente Einnahme der Ebene der *Beobachtung zweiter Ordnung,* der unterscheidenden Beobachtung der von den Klienten getroffenen Wert- und Lösungsunterscheidungen.

Literatur

Arbeitskreis OPD (Hrsg.) (2007). Operationalisierte Psychodynamische Diagnostik OPD-2. Das Manual für Diagnostik und Therapieplanung. Bern: Huber.

Ashby, W. (1981). Principles of Self-Organization. In R. Conant (Ed.), Mechanisms of Intelligence: Ross Ashby's Writings on Cybernetics (pp. 51–74). Seaside, CA: Intersystems Publications.

Ashby, W. (1985). Einführung in die Kybernetik. Frankfurt a. M.: Suhrkamp.

Bachelor, A., Horvath, A. (2001). Die therapeutische Beziehung. In M. Hubble, B. Duncan, S. Miller (Hrsg.), So wirkt Psychotherapie. Empirische Ergebnisse und praktische Folgerungen. Dortmund: verlag modernes lernen.

Baecker, D. (2000). Wozu Systeme? Berlin: Kulturverlag Kadmos.

Baecker (Hrsg.), D. (2005). Schlüsselwerke der Systemtheorie. Wiesbaden: VS Verlag für Sozialwissenschaften.

Berg, I. (1995). Familienzusammenhalt(en). Ein kurz-therapeutisches und lösungsorientiertes Arbeitsbuch. Dortmund: verlag modernes lernen.

Boscolo, L., Bertrando, P. (1994). Die Zeiten der Zeit. Eine neue Perspektive in systemischer Therapie und Konsultation. Heidelberg: Carl-Auer.

Caspar, F. (1996). Beziehungen und Probleme verstehen. Eine Einführung in die psychotherapeutische Plananalyse. Bern u. Göttingen: Huber.

Cecchin, G. (1988). Zum gegenwärtigen Stand von Hypothetisieren, Zirkularität und Neutralität: Eine Einladung zur Neugier. Familiendynamik, 13, 190–203.

Ciompi, L. (1982). Affektlogik. Über die Struktur der Psyche und ihre Entwicklung. Ein Beitrag zur Schizophrenieforschung. Stuttgart: Klett-Cotta.

Ciompi, L. (1997). Die emotionalen Grundlagen des Denkens. Entwurf einer fraktalen Logik. Göttingen: Vandenhoeck & Ruprecht.

Descartes, R. (1641/1960). Meditationen über die Grundlagen der Philosophie. Hamburg: Felix Meiner.

Egidy, H. von (2007). Beobachtung der Wirklichkeit. Differenztheorie und die zwei Wahrheiten in der buddhistischen Madhyamika-Philosophie. Heidelberg: Verlag für systemische Forschung im Carl-Auer Verlag.

Elster, J. (1985). Aktive und passive Negation. Essay zur ibanskischen Soziologie. In P. Watzlawick (Hrsg.), Die erfundene Wirklichkeit. Wie wissen wir, was wir zu wissen glauben? Beiträge zum Konstruktivismus (S. 163–191). München u. Zürich: Piper.

Esposito, E. (2010). Die Zukunft der Futures. Die Zeit des Geldes in Finanzwelt und Gesellschaft. Heidelberg: Carl-Auer.

Fernandes da Silva, P. (2015). Was hat die Kultur damit zu tun? Die andere Frau: Eine Untersuchung von Mehrfachbeziehungen in Luanda. Familiendynamik 3, 208–219.

Festinger, L. (2012). Theorie der kognitiven Dissonanz. Bern: Huber.

Fichte, J. G. (1795/1971). Grundriss des Eigenthümlichen der Wissenschaftslehre in Rücksicht auf das theoretische Vermögen, als Handschrift für seine Zuhörer. In I. H. Fichte (Hrsg.), Johann Gottlieb Fichtes Sämmtliche Werke Band I (S. 329–411). Berlin: Walter de Gruyter & Co.

Foerster, H. von (1985). Das Konstruieren einer Wirklichkeit. In P. Watzlawick (Hrsg.), Die Erfundene Wirklichkeit. Wie wissen wir, was wir zu wissen glauben? Beiträge zum Konstruktivismus (S. 39–60). München u. Zürich: Piper.

Foerster, H. von (1993). Wissen und Gewissen: Versuch einer Brücke. Frankfurt a. M.: Suhrkamp.

Fuchs, P. (2010). Das System SELBST. Eine Studie zur Frage: Wer liebt wen, wenn jemand sagt:»Ich liebe Dich!«? Weilerswist: Velbrück Wissenschaft.

Fuchs, P. (2011). Die Verwaltung der vagen Dinge. Gespräche zur Zukunft der Psychotherapie. Heidelberg: Carl-Auer.

Fuchs, P. (2015). DAS Sinnsystem. Prospekt einer sehr allgemeinen Theorie. Weilerswist: Velbrück Wissenschaft.

Fuchs, P., Schneider, D. (1995). Das Hauptmann-von-Köpenick-Syndrom. Überlegungen zur Zukunft funktionaler Differenzierung. Soziale Systeme, 2, 203–224.

Gabriel, G. (2013). Einführung in die Logik. Kurzes Lehrbuch mit Übungsaufgaben und Musterlösungen. Jena: Geramond.

Gergen, K. (2015). Beziehungsethik in den helfenden Berufen. Familiendynamik, 3, 188–196.

Glasersfeld, E. von (2011). Theorie der kognitiven Entwicklung. In B. Pörksen (Hrsg.), Schlüsselwerke des Konstruktivismus (S. 92–107). Wiesbaden: VS Verlag für Sozialwissenschaften.

Glasl, F. (2010). Konfliktmanagement. Ein Handbuch für Führungskräfte, Beraterinnen und Berater (9. Aufl.). Bern: Haupt.

Grawe, K. (2000). Psychologische Therapie (2. Aufl.). Göttingen: Hogrefe.

Grawe, K. (2004). Neuropsychotherapie. Göttingen: Hogrefe.

Gripp-Hagelstange, H. (1997). Niklas Luhmann. Eine erkenntnistheoretische Einführung. München: Fink.

Grizelj, M. (2012). Luhmann, die Kybernetik und die Allgemeine Systemtheorie. In O. Jahraus, A. Nassehi, M. Grizelj, I. Saake, C. Kirchmeier (Hrsg.), Luhmann Handbuch. Leben – Werk – Wirkung (S. 29–33). Stuttgart: Metzler.

Groddeck, V. von (2012). Strukturen. In O. Jahraus, A. Nassehi, M. Grizelj, I. Saake, C. Kirchmeier (Hrsg.), Luhmann Handbuch. Leben – Werk – Wirkung (S. 119–121). Stuttgart: Metzler.

Habermas, J. (1984). Vorstudien und Ergänzungen zur Theorie des kommunikativen Handelns. Frankfurt a. M.: Suhrkamp.

Hegel, G. (1807/1952). Phänomenologie des Geistes. Hamburg: Felix Meiner.

Jahraus, O., Nassehi, A., Grizelj, M., Saake, I., Kirchmeier, C. (Hrsg.). (2012). Luhmann Handbuch. Leben – Werk – Wirkung. Stuttgart: Metzler.

Jellouschek, H. (2005). Paartherapie. Stuttgart: Kreuz.

Kant, I. (1781/1975). Kritik der reinen Vernunft. Stuttgart: Reclam.

Körner, S. (2008). Dicke Kinder revisited. Zur Kommunikation juveniler Körperkrisen. Bielefeld: transcript.

Krause, D. (1999). Luhmann-Lexikon. Stuttgart: Enke.

Luhmann, N. (1985). Soziale Systeme. Grundriß einer allgemeinen Theorie (2. Aufl.). Frankfurt a. M.: Suhrkamp.

Luhmann, N. (1988). Was ist Kommunikation? In F. Simon (Hrsg.), Lebende Systeme. Wirklichkeitskonstruktionen in der systemischen Therapie (S. 10–18). Berlin: Springer.

Luhmann, N. (1992). Die Wissenschaft der Gesellschaft. Frankfurt a. M.: Suhrkamp.

Luhmann, N. (1995). Die Kunst der Gesellschaft. Frankfurt a. M.: Suhrkamp.

Luhmann, N. (2004). Einführung in die Systemtheorie. Heidelberg: Carl-Auer.

Mark, E., Picard, D. (2000). Bateson, Watzlawick und die Schule von Palo Alto. Berlin: Philo.

Maturana, H. (1985). Erkennen: Die Organisation und Verkörperung von Wirklichkeit. Braunschweig: Vieweg.

Mayer, B. (2007). Die Dynamik der Konfliktlösung. Ein Leitfaden für die Praxis. Stuttgart: Klett-Cotta.

Münch, R. (2012). Luhmann und Parsons. In O. Jahraus, A. Nassehi, M. Grizelj, I. Saake, C. Kirchmeier (Hrsg.), Luhmann Handbuch. Leben – Werk – Wirkung (S. 19–23). Stuttgart: Metzler.

Nassehi, A. (2012). Funktionale Analyse. In O. Jahraus, A. Nassehi, M. Grizelj, I. Saake, C. Kirchmeier (Hrsg.), Luhmann Handbuch. Leben – Werk – Wirkung (S. 83–84). Stuttgart: Metzler.

Parsons, T. (1978). A Paradigm of Human Condition. In T. Parsons, Action Theory and the Human Condition (pp. 352–433). New York: Free Press.

Piaget, J. (1986). Meine Theorie der geistigen Entwicklung. Frankfurt a. M.: Fischer.

Retzer, A. (2004). Systemische Paartherapie. Konzepte – Methode – Praxis. Stuttgart: Klett-Cotta.

Rosenthal, R., Fode, K. (1963). The Effect of Experimenter Bias on the Performance of the Albino Rat. Behavioral Science, 8, 183–189.

Schlegel, L. (1995). Die Transaktionale Analyse. Eine Psychotherapie, die kognitive und tiefenpsychologische Gesichtspunkte kreativ miteinander verbindet. Tübingen u. Basel: Francke.

Schleiffer, R. (2012). Das System der Abweichungen. Eine systemtheoretische Neubegründung der Psychopathologie. Heidelberg: Carl-Auer.

Schlippe, A. von, Schweitzer, J. (2012). Lehrbuch der systemischen Therapie und Beratung, Bd. I. Das Grundlagenwissen. Göttingen: Vandenhoeck & Ruprecht.

Schmidt, G. (2004). Liebesaffären zwischen Problem und Lösung. Hypnosystemisches Arbeiten in schwierigen Kontexten. Heidelberg: Carl-Auer.

Schneider, P., Ruff, E. (1985). Der begriffene Wahnsinn. Ein kognitives Modell zur Aufklärung und Therapie des psychotischen Verhaltens. Frankfurt a. M.: Campus.

Schulz von Thun, F. (1981). Miteinander Reden, Bd 1. Störungen und Klärungen. Reinbek: Rowohlt.

Schwanitz, D. (1990). Systemtheorie und Literatur. Opladen: Westdeutscher Verlag.

Selvini Palazzoli, M., Boscolo, L., Cecchin, G., Prata, G. (1979). Gerade und ungerade Tage. Familiendynamik, 4, 138–147.

de Shazer, S. (2004). Der Dreh. Überraschende Wndungen und Lösungen in der Kurzzeittherapie. Heidelberg: Carl-Auer.

de Shazer, S., Dolan, Y. (2007). Mehr als ein Wunder. Lösungsfokussierte Kurztherapie heute. Heidelberg: Carl-Auer.

Simon, F. (2010). Einführung in die Systemtheorie des Konflikts. Heidelberg: Carl-Auer.

Simon, F., Rech-Simon, C. (1999). Zirkuläres Fragen. Systemische Therapie in Fallbeispielen. Ein Lernbuch. Heidelberg: Carl-Auer.

Sparrer, I., Varga von Kibéd, M. (2010). Klare Sicht im Blindflug. Schriften zur Systemischen Strukturaufstellung. Heidelberg: Carl-Auer.

Spencer-Brown, G. (1969/1997). Laws of Form. Gesetze der Form. Lübeck: Bohmeier.

Steiner, T., Berg, I. K. (2008). Handbuch Lösungsorientiertes Arbeiten mit Kindern (3. Aufl.). Heidelberg: Carl-Auer.

Tomm, K. (1994). Die Fragen des Beobachters. Schritte zu einer Kybernetik zweiter Ordnung in der systemischen Therapie. Heidelberg: Carl-Auer.

Varga von Kibéd, M., Sparrer, I. (2000). Ganz im Gegenteil. Tetralemmaarbeit und andere Grundformen Systemischer Strukturaufstellungen – für Querdenker und solche, die es werden wollen. Heidelberg: Carl-Auer.

Walter, J., Peller, J. (1995). Lösungs-orientierte Kurztherapie. Ein Lehr und Lernbuch. Dortmund: verlag modernes lernen.

Watzlawick, P. (1983). Anleitung zum Unglücklichsein. München: Piper.

Watzlawick, P., Beavin, J., Jackson, D. (1982). Menschliche Kommunikation. Formen, Störungen, Paradoxien. Bern: Huber.

Wickström, G., Bendix, T. (2000). »The Hawthorne effect« – what did the original Hawthorne studies actually show? Scand J Environ Health, 26 (4), 363–367.